Lettre aux parents des futurs illettrés

DU MÊME AUTEUR

Lecture : la recherche médicale au secours de la pédagogie, Fransya, 39, rue de l'Église 75015, Paris, 1993.

Pour bien apprendre à lire aux enfants, méthode alphabétique plurisensorielle d'apprentissage de la lecture, Fransya, 1998.

Pour bien apprendre l'orthographe aux enfants, méthode Fransya, 1998.

Ghislaine Wettstein-Badour

Lettre aux parents des futurs illettrés

ÉDITIONS DE PARIS

7, rue de la Comète, 75007 Paris
ISBN 2-85162-025-8

SOMMAIRE

INTRODUCTION

Chers parents,

Comme tous pères et mères dignes de ce nom, vous voulez que votre enfant puisse connaître le succès dans sa vie personnelle, professionnelle et sociale.

Conscients de vos responsabilités, vous remplissez votre mission avec amour, dévouement et – vous l'espérez – lucidité. Vous vous efforcez de stimuler son développement, d'encourager ses aptitudes, de corriger ses défauts. Vous avez bien l'intention de surveiller attentivement son travail scolaire et de maintenir un contact étroit avec ses maîtres. Certes vous savez que certains enfants ne parviennent pas à apprendre à lire mais vous pensez que cet échec est la rançon de la négligence. Vous saurez donc l'éviter.

Eh bien, chers parents, vous êtes bien naïfs ! Malgré votre bonne volonté et vos efforts la moitié d'entre vous sont les parents d'un futur illettré !

Vous sursautez ? Vous avez tort ! Cette affirmation ne tient ni du délire ni d'un catastrophisme aussi amer que déplacé. Elle découle d'un ensemble de constats parmi lesquels se retrouvent les évaluations de... l'Éducation nationale. Jugez-en vous-mêmes.

Lorsque M. Jospin occupait ce ministère, le rapport annexé à la loi d'orientation du 10 juillet 1989, nous apprenait que « moins d'un élève sur deux arrive au collège avec une maîtrise suffisante de la lecture » ce qui voulait dire, en clair, que plus de la moitié d'entre eux étaient des exclus du savoir voués à un échec définitif. Qui peut en effet raisonnablement croire que ces élèves en perdition vont par la grâce de l'entrée en collège acquérir miraculeusement des connaissances qu'ils n'ont pu assimiler dans l'enseignement primaire ? Comment pourront-ils suivre le rythme de la classe et apprendre une langue étrangère ? Tout le monde sait bien que leurs carences ne vont que s'amplifier et qu'ils passeront d'une classe à l'autre au bénéfice de l'âge en attendant de venir grossir les rangs de l'armée des illettrés que, chaque année, le système éducatif abandonne à son sort.

Mais, me direz-vous, la situation a dû évoluer depuis dix ans car tous les ministres qui se sont succédé rue de Grenelle ont, sans exception, annoncé leur volonté de ramener l'école républicaine à sa mission d'origine qui est de transmettre à tous les savoirs fondamentaux.

Que nous apprennent donc les études plus récentes ? Consultons d'abord le volumineux rapport daté de janvier 1995 que l'inspection générale de l'Éducation nationale a publié sur cette question (*voir bibliographie). Peut-être y trouvera-t-on des éléments plus réconfortants.

Dès les premières pages ses auteurs nous expliquent que « la lecture (étant) un processus complexe qui se déroule simultanément sur plusieurs registres, on ne s'étonnera pas des difficultés que pose son évaluation... Toute épreuve d'évaluation ne permet d'apprécier qu'une performance dans des conditions déterminées et non une compétence... Un score peu élevé notamment n'implique pas nécessairement une absence d'acquisition et il est hasardeux de définir un seuil de réussite ».

Voici qui ne simplifie pas les choses ! Est-il donc si difficile de mettre au point des épreuves qui permettent de savoir si l'enfant lit et comprend ce qu'il lit ? La réponse à cette question est sans hésiter « oui » pour ces grands maîtres de l'enseignement. Enfin, vous voilà prévenus : vous disposerez peut-être de chiffres mais il ne faudra pas leur accorder une trop grande valeur. Cette précaution épistolaire a l'avantage de mettre ses auteurs à l'abri des critiques quels que soient les résultats et permet de ne pas répondre aux questions qui fâchent ! Curieusement, malgré toutes ces réserves, nous apprenons dans le même rapport que 35,2 % des élèves (admirez la précision pour un facteur non mesurable !) entrés en 6e en 1992 ne maîtrisaient pas « les compétences de base » sans que l'on nous indique de quelles compétences exactes il s'agit.

En décembre 1997 lors des journées de réflexion « Langues et langages » organisées par le ministère de l'Éducation nationale, les participants entendirent le directeur de l'évaluation et de la prospective – l'homme qui a la haute main sur les chiffres et statistiques qui émanent du ministère – annoncer que 62 % des élèves soumis aux épreuves de septembre ne savaient pas lire correctement. De 35,2 % en 1995, nous voici passés à 62 % d'illettrés en 1997 car, qu'on le veuille ou non, ces élèves sont bien des illettrés. Mais, il est vrai que les chiffres n'ont pas de sens ! Cependant, on nous apprend dans ce même rapport que ces malheureux se divisent en deux groupes : ceux qui ne savent rien lire (12 % du total) et ceux qui peuvent lire plus ou moins bien mais sont incapables d'utiliser les informations contenues dans un texte simple. Ce constat peu glorieux s'accompagnait d'une déclaration d'intention concluant à la nécessité de stimuler les initiatives susceptibles d'enrayer ce désastre. Furent-elles brillantes ? Sans doute puisque lors des états généraux de la lecture en 1999, on ne signalait plus que 20,7 % d'enfants ne maîtrisant pas suffisamment les compétences de base. Nous voici maintenant tombés en dessous des chiffres de 1995. Ou bien les moyens mis en œuvre furent d'une remarquable efficacité – mais, dans ce cas, pourquoi ce silence modeste ? – ou bien, décidément, les mesures, comme nous le disaient nos inspecteurs, sont difficiles à réaliser et pour le moins aléatoires !

Les écarts remarqués entre les divers pourcentages annoncés au fil des ans donnèrent inévitablement lieu à de nombreuses polémiques. Mme S. Royale, agacée par les questions posées à ce sujet déclara récemment lors d'une interview* : « Ces évaluations nationales doivent être remises à plat. Il faut arrêter leur dérapage. Elles ont d'abord été faites pour aider les élèves et les enseignants, pas pour faire des compilations nationales qui donnent lieu à des interprétations scientifiquement discutables ». Mme le ministre (qu'elle me pardonne ce masculin que je ne peux décidément pas féminiser) pense, de plus, que ces évaluations coûtent très cher et qu'il va falloir prendre ce point en considération. Un proche collaborateur de M. Allègre considère, quant à lui, que la meilleure solution serait de ne plus publier les chiffres ! Il y a donc tout lieu de croire que vous entendrez de moins en moins parler de résultats et qu'il vous sera de plus en plus difficile d'avoir des renseignements sur l'évolution des compétences en ce domaine sensible.

Pour mieux cerner la question, vous pouvez cependant consulter les études de l'OCDE.

En 1995, cet organisme réalisa une enquête sur l'illettrisme qui donna lieu à un rapport publié dans *Littératie, économie et société**. La « littératie » n'est rien d'autre que la capacité de maîtriser la lecture et l'écriture. Ce document établit clairement les liens entre « littératie » et chances de réussite dans la vie socioprofessionnelle des individus et montre que le niveau de maîtrise de l'écrit a des conséquences clairement mesurables sur la stabilité de l'emploi, la fréquence du chômage et le revenu. Si ceci paraît découler du bon sens, il est cependant très important de pouvoir le démontrer par des études dont la rigueur ne peut être contestée. Participaient à cette enquête l'Allemagne, le Canada, les États-Unis, les Pays-Bas, la Pologne, la Suède, la Suisse. La France, présente pendant l'évaluation, se retira brusquement peu avant la publication des résultats, sur l'ordre de son ministre de l'Éducation nationale, M. F. Bayrou. La raison invoquée pour justifier ce curieux comportement fut que la France contestait les critères d'appréciation et les méthodes mises en œuvre pour réaliser ce travail. Elle les avait pourtant acceptés jusqu'à ce moment. Comprenne qui pourra.

Les mauvaises langues – mais faut-il les croire ? – prétendent que la France se classait à l'avant dernière place de ce palmarès avec 40 % de personnes qui éprouvaient des difficultés importantes pour utiliser les informations contenues dans un texte simple et concret (prospectus, mode d'emploi d'un appareil d'usage courant, horaires de bus, de trains, etc.), ce qui signifiait que 40 % des Français ne disposaient pas du niveau minimum de « littératie » pour s'intégrer dans la vie socioprofessionnelle. Dans l'article où il soulignait ces faits, le journal *Le Point* a rappelé récemment (7 mai 1999) que la Suède arrivait en tête de ce classement avec seulement 7,5 % de personnes dans cette catégorie et, qu'aujourd'hui, 90 % des Suédois lisent un journal par jour.

L'intérêt que l'étude de l'OCDE avait soulevé en 1995 l'amena à l'étendre en 1997. Dans le second rapport *Littératie et société du savoir**, la France brille par son absence. Y participent l'Allemagne, l'Australie, la Belgique, le Canada, les États Unis, l'Irlande, la Nouvelle Zélande, le Royaume Uni, la Pologne, la Suède, la Suisse (francophone et germanophone). Ce travail, d'une grande qualité, validé par un organisme spécialisé (*Education testing service* de Princetown, New-Jersey) et exécuté avec une méthodologie rigoureuse, met en évidence cinq niveaux de compétences permettant une évaluation concrète des capacités d'utilisation de la lecture dans les pays concernés.

Nous avions donc là un moyen simple de faire le point objectivement grâce à des critères d'appréciation standardisés, ce que nos inspecteurs généraux semblent ne pas pouvoir réaliser. Il était donc possible, grâce à ce travail, de faire taire les polémiques issues des chiffres ministériels. Mais c'est justement ce que nos responsables semblent ne pas vouloir !

La France aurait-elle peur de la vérité ? Il est vrai que la publication de chiffres objectifs par un organisme indépendant la mettrait au pied du mur et la forcerait à sortir d'un flou qu'elle entretient avec art sur ces questions. Elle évite ainsi de se remettre en cause. Il n'est pas certain que cette attitude constitue la meilleure manière de résoudre ses difficultés. Est-ce en arrêtant de mesurer la montée des eaux qu'on endigue une crue et casser le thermomètre fait-il baisser la fièvre ? Je vous en laisse juges.

Quoi qu'il en soit, tout ceci n'est pas de nature à calmer vos angoisses. Un Français sur deux étant illettré, la question qui se pose pour chacun de vous est donc de savoir dans quel groupe se situera votre enfant. Fera-t-il partie ou non du camp des exclus ? Il y a un moyen simple pour apprécier la situation : il vous suffit de connaître les grandes étapes du cheminement d'un futur illettré et d'y comparer le parcours suivi par votre enfant.

En septembre, vous conduisez votre bambin pour sa première rentrée à la grande école. Depuis des mois il entend parler de cet événement qui fera de lui un personnage important. Il va quitter le monde des petits pour pénétrer dans celui des grands. Son enthousiasme n'égale pas forcément votre émotion car il sait que ce nouveau statut n'aura pas que des avantages. Sa conscience des événements n'est pas identique à la vôtre mais il a parfaitement compris, qu'à partir de ce jour, les exigences des adultes à son égard vont croître. Cet apprentissage de la lecture dont on lui a beaucoup parlé l'intéresse sans doute mais l'inquiète sûrement car il sait qu'il s'accompagnera de contraintes.

Bien sûr, vous avez passé beaucoup de temps à le préparer à cette idée et vous avez cru bon d'insister sur les avantages que procure l'acquisition de ce savoir mais votre enfant ne se laisse pas prendre à ce piège grossier. Il a beaucoup plus de bon sens que vous ne le croyez et il sait, grâce à sa jeune expérience, que tout progrès demande des efforts. Avant de rouler en bicyclette, il est beaucoup tombé ; avant de savoir nager, il a cru se noyer ; souvent encore, quand il veut s'exprimer, il ne trouve pas les mots qui conviennent et vous ne comprenez pas toujours ce qu'il veut vraiment dire. Bref, toutes vos bonnes paroles n'y changeront rien ; votre enfant est sur la défensive.

Les choses sérieuses commencent. Ce jour de rentrée est terminé. Vous êtes un peu angoissés en attendant ses premières impressions et là – oh ! miracle – il y a 99 chances sur 100 pour qu'il rentre un grand sourire aux lèvres en vous disant triomphalement : « je sais lire ».

Il exhibe alors de son cartable flambant neuf un livre qu'il ouvrira à la première page. Sur celle-ci vous découvrez des phrases que votre petit prodige vous débitera sans erreurs. Il pourra même les lire sans regarder le texte ! Parfois le livre est absent, remplacé par de simples feuilles photocopiées. Dans les deux cas, vous constaterez, un peu surpris, que lettres minuscules et majuscules sont présentes, que les mots ou phrases sont écrits dans des calligraphies différentes et parfois même en lignes obliques !

Vous vous abstiendrez de tout commentaire et vous attendrez la suite des événements, avec, il faut bien le reconnaître, une certaine inquiétude. Vous ne comprenez pas bien comment votre enfant va s'y retrouver au milieu de tout cet ensemble dont vous ne percevez pas la cohérence. Mais, la première surprise passée, vous vous dites qu'il ne faut pas se contenter d'a priori, qu'il faut vivre avec son époque et, selon une formule devenue célèbre, « laisser du temps au temps ».

Quels sont les résultats de votre attente ? Deux évolutions sont possibles. Si vous avez la chance de faire partie de cette moitié de parents dont les enfants s'adaptent à n'importe quelle pédagogie, cette lettre ne vous concerne pas. Peu à peu votre enfant apprendra à lire. Quant à ses connaissances en orthographe, pratiquement nulles, n'en parlons pas, elles ne font pas partie de vos préoccupations immédiates.

Malheureusement, vous avez une chance sur deux – il vaudrait mieux dire un risque sur deux – d'appartenir au camp de ceux qui, au fil des jours, voient leur enfant perdre pied et s'enfoncer dans une situation de plus en plus inquiétante. Désespérément, chaque soir, vous allez passer une heure, parfois plus, à lui faire répéter ces lignes qu'il ne réussit plus à mémoriser. Vous vous énervez, lui aussi.

Vous ne comprenez pas que certains arrivent à lire et qu'il n'y parvienne pas. Même si la pédagogie vous déroute, vous vous prenez à penser que votre enfant ne fait pas d'efforts et se moque de vous. Quoi qu'il en coûte, vous devez donc le faire lire. Les menaces, les punitions apparaissent dans votre univers quotidien. Les larmes, les maux de ventre, les insomnies, les cauchemars parfois, entrent dans le sien. Et le temps passe...

La situation s'installe et même s'aggrave. N'y tenant plus vous demandez un rendez-vous à son maître. Vous pensez que vous ne devez pas savoir comment vous y prendre et que quelques conseils vous seront bien utiles.

Vous attendez donc des explications sur la manière dont vous devez opérer pour faire travailler cet être rétif. Au lieu de cela, vous apprenez que votre enfant manque de maturité, présente un goût immodéré du jeu, ne veut pas grandir, n'est pas motivé pour lire, refuse les contraintes de l'école. Mais on vous affirme que tout cela s'arrangera avec le temps. Vous ne devez en aucune manière vous inquiéter. D'ailleurs, on vous fait remarquer qu'avec les cycles instaurés récemment, les élèves ont maintenant trois ans pour apprendre à lire ; la grande section de maternelle, le CP et le CE1. Il n'est qu'en début de CP. Il faut donc garder votre sérénité et ne pas forcer la nature. Vous vous résignez donc à attendre encore mais vous regardez cependant avec de plus en plus d'inquiétude cet enfant « immature » qui pourtant ne vous semble guère différent des autres.

Les semaines, les mois se suivent... et se ressemblent. L'enfant ne lit pas mieux mais son caractère devient plus difficile. Il refuse tous les jours un peu plus la lecture du soir et ne porte d'intérêt qu'aux images, aux bandes dessinées et... à la télévision. Quant à cette fameuse maturité tant attendue, elle ne vient toujours pas.

Vous retournez à l'école. Là, le ton change. Dans le

meilleur des cas, les difficultés de l'enfant ont été repérées et vous serez dirigés vers l'orthophoniste. Mais la probabilité la plus forte est que vous entriez dans un nouvel univers. L'heure du discours psychologique a sonné. Vous apprenez que votre enfant est porteur de troubles psychoaffectifs. Il faudra vous remettre en question car les conditions de votre vie personnelle et familiale retentissent gravement sur son comportement.

Réfléchissez bien : l'absence ou la trop grande présence de son père, de ses grands-parents, les conditions de travail de sa mère qui la maintiennent trop longtemps hors du foyer, ou au contraire la rendent trop présente – et donc trop possessive – le fait d'être enfant unique ou bien l'existence de frères et sœurs, la position dans la fratrie (l'aîné a trop de responsabilités, le dernier pas assez, le second est entre deux enfants, le troisième se sent exclu du groupe des aînés et est trop éloigné des plus petits, etc.) vos déménagements, vos habitudes, tout cela sera évoqué et expliquera de manière évidente l'échec de votre enfant. Si vous vous hasardez à dire que vous ne comprenez pas bien les liens qui unissent ces faits aux difficultés qu'il rencontre dans l'apprentissage de la lecture, vous fournirez la preuve éclatante que vous avez besoin d'être aidé vous-même pour y voir clair.

Vous devrez donc conduire votre enfant chez le psychologue mais sans doute faudra-t-il vous y rendre également, le cas échéant avec votre conjoint, pour mettre à jour ces difficultés que vous ne soupçonnez pas ou que vous refusez de voir et qui sont la cause de tous les maux dont souffre votre apprenti lecteur. Souvent perplexes, rarement convaincus, vous vous direz que vous êtes décidément bien dépassés par cette situation mais, prêts à tous les sacrifices, vous ferez les démarches indiquées. Puis, une fois de plus, vous attendrez de voir poindre les progrès. Si vous vous étonnez de la lenteur de l'évolution, vous apprendrez que les problèmes comportementaux sont longs et difficiles à résoudre, que le traitement durera de nombreux mois, peut-être même plusieurs années. Et si votre impatience vous pousse à abréger cette thérapie qui s'éternise, vous apporterez alors la preuve évidente de l'existence de vos propres perturbations. Il ne faudra plus venir vous plaindre de l'échec de votre enfant. Vous aurez montré que vous en êtes entièrement responsables.

Cette présentation des faits n'est, hélas, ni caricaturale, ni exagérée. Elle correspond à une triste réalité. Pour avoir vu des centaines de familles engluées dans des situations surréalistes, je peux vous affirmer qu'elle correspond à des faits bien réels. Ne me faites pas dire pour autant que je nie l'existence des perturbations psychologiques. Telle n'est pas mon intention et, quand elles existent, je suis la première à tout mettre en œuvre pour les traiter. Lorsque le diagnostic est posé – et bien posé – par des professionnels compétents, il serait très dommageable pour l'enfant de ne pas instaurer les thérapeutiques adéquates pour les résorber.

Tout le problème réside dans leur dépistage et leur identification et j'ai la preuve formelle que parmi les enfants en échec, aujourd'hui orientés vers les psychologues, un très grand nombre d'entre eux ne retirent aucun bénéfice des thérapies proposées pour la simple et unique raison que les troubles invoqués n'existent pas. Pour vous en convaincre, laissez-moi vous livrer le contenu de mon expérience en ce domaine. Elle est, je le pense, instructive.

Depuis de nombreuses années je travaille auprès d'élèves en difficulté vis-à-vis de la lecture, de l'écriture et de l'orthographe. Disposant d'un échantillon de plus de 500 cas, j'ai pensé que des données intéressantes sur le plan statistique pouvaient être extraites de ces dossiers*. Voici donc quelques remarques susceptibles de bousculer certaines idées qui font pourtant partie des « vérités » établies.

I

Les réalités qui dérangent

Le quotient intellectuel

Ma première étude porta sur l'analyse des capacités intellectuelles de ces sujets.

Peut-être avaient-ils, en effet, des possibilités limitées qui ne permettaient pas une bonne compréhension des situations scolaires. C'était une hypothèse plausible. N'en déplaise à certains qui confondent idéologie, philosophie et statistiques, l'intelligence est objectivement quantifiable. Il existe des outils permettant de mesurer les capacités intellectuelles d'un sujet en prenant en compte tous les aspects de l'intelligence ; la pensée conceptuelle bien sûr, mais aussi l'intelligence pratique et sociale. Le quotient intellectuel qui en découle est le reflet de l'intégration de toutes ces formes d'intelligence, imbriquées les unes dans les autres pour constituer un ensemble qui caractérise chaque individu. Son appréciation ne dépend aucunement de l'examinateur car les consignes de passation et de notation sont parfaitement codifiées. Les tests complets comme le Wechsler ont été étalonnés par des études portant sur des milliers de cas et la rigueur de leurs mesures ne peut être contestée.

La répartition de l'intelligence dans une population

s'inscrit dans une courbe de Gauss : 50 % des individus sont situés dans la zone moyenne, 25 % d'entre eux disposent de capacités inférieures à la moyenne et 25 % d'aptitudes supérieures à cette moyenne. Bien entendu, plus on s'écarte de la moyenne, plus le nombre de sujets concernés est faible. Cette réalité, pourtant incontestable, choque un grand nombre de personnes. Alors qu'il est couramment admis que tous les individus ne disposent pas des mêmes capacités sur le plan physique – les performances sportives et l'intérêt qu'on leur porte sont là pour le prouver – la même affirmation heurte et génère des attitudes irrationnelles quand il s'agit d'aptitudes intellectuelles.

Nombreux sont ceux que la notion de mesure du quotient intellectuel hérisse d'indignation. Cependant un changement semble s'amorcer. Depuis quelque temps, la notion d'enfants précoces est née conduisant par définition à accepter l'idée que certains enfants vont plus vite que d'autres pour assimiler et utiliser la connaissance. Et comment définir si un élève peut être ou non classé précoce, puisqu'il apparaît que cette précocité n'a souvent aucun rapport avec les résultats scolaires ? On constate donc quelques modifications de comportement qui font que ce quotient intellectuel tant décrié et tant honni commence à susciter quelque intérêt. Ceci étant, disposer d'un haut niveau d'intelligence n'est pas pour autant une assurance de réussite scolaire. Un élève peut présenter des aptitudes intellectuelles très développées et échouer en classe. C'est le cas, par exemple, de certains dyslexiques porteurs de quotients intellectuels très élevés qui ne réussissent pas à apprendre à lire, écrire et orthographier correctement leur langue. Einstein en est un exemple célèbre. À l'opposé, un déficit léger ou moyen peut permettre d'acquérir des bases suffisantes dans les savoirs fondamentaux pour pouvoir ultérieurement s'intégrer correctement sur le plan social.

On pourrait cependant penser que dans une population d'élèves en échec scolaire, on trouve plus qu'ailleurs de sujets d'intelligence inférieure à la moyenne. Qu'en est-il dans l'échantillon étudié ?

Sur 522 cas, 437 élèves disposaient de capacités intellectuelles moyennes ou supérieures à la moyenne soit 84 % d'entre eux. Ces chiffres sont supérieurs à ceux d'une population standard. Il ne faudrait pas en déduire que les enfants intelligents sont plus que les autres menacés par l'échec en lecture. Les enfants vus dans ce cadre appartiennent à des familles vigilantes, capables d'appréhender les problèmes et de faire une démarche personnelle pour trouver une solution à une situation dont elles ont clairement conscience. Il s'agit donc d'enfants vivant dans des milieux considérés comme favorisés même si leurs parents n'appartiennent pas tous, loin de là, à des milieux aisés. Mais, ce qui nous intéresse ici, c'est de montrer que l'intelligence ne met pas à l'abri des difficultés et que de très nombreux enfants ne disposant d'aucun handicap intellectuel peuvent échouer face au langage écrit.

Les troubles psychoaffectifs

Une deuxième piste de recherche s'est alors imposée. Ayant une formation psychiatrique, je dois dire qu'au début de mon étude je m'attendais, comme tant d'autres, à trouver parmi les élèves en échec un nombre élevé d'enfants porteurs de troubles psychoaffectifs. Je les ai donc tous examinés en recherchant des perturbations de ce type. Il m'a pratiquement toujours été possible de voir également un de leurs parents, le plus souvent leur mère. Or, après analyse des dossiers précités, j'ai eu la surprise de constater que si le pourcentage d'élèves perturbés sur le plan psychoaffectif est élevé dans les tranches de quotient intellectuel faible (37,5 %), il est en revanche beaucoup plus bas chez les élèves de niveau moyen ou supérieur où il n'atteint que 15,5 % des cas seulement ! Certes, là encore, cet échantillon n'est pas représentatif de toute la population scolaire puisque les enfants examinés avaient la chance d'avoir des parents qui s'intéressaient à eux et voulaient leur réussite. Cependant, malgré cet avantage incontestable, ils étaient tous en échec grave et pour la très grande majorité d'entre eux, c'est ailleurs que dans le domaine psychique qu'il fallait rechercher la cause de leurs difficultés. Adresser ces élèves au psychologue, au pédopsychiatre ou à un centre de psychothérapie n'avait aucune chance de donner des résultats significatifs puisqu'ils n'avaient pas d'éléments pathologiques décelables. Si ces traitements avaient été mis en route, ils n'auraient eu qu'un intérêt : mieux leur faire accepter leur échec mais est-ce que les familles attendent une telle démarche ?

Par contre, il est bien certain que l'échec est en lui-même générateur de difficultés affectives. Un enfant qui ne réussit pas à lire au mieux s'ennuie en classe, au pire refuse l'école. Les pressions qui s'exercent sur lui, les diverses punitions et brimades dont il est victime, entraînent des réactions qui peuvent aller de l'instabilité à l'agressivité en passant par les tendances oppositionnelles et de multiples manifestations somatiques. Et c'est de là que vient la confusion. Dans la plupart des cas, ces comportements sont considérés comme la cause de l'échec alors qu'ils en sont la conséquence. Il est indispensable, avant d'orienter des enfants vers des psychothérapeutes, de savoir faire la différence entre ces deux situations pour lesquelles le remède est fondamentalement différent.

De ces observations, on peut tirer une conclusion qui ne va pas dans le sens du discours actuel : il existe un pourcentage élevé d'enfants bien entourés, bien stimulés, sans déficit intellectuel, qui se retrouvent en échec scolaire grave sans qu'on puisse trouver de perturbations psychoaffectives pour expliquer cette situation.

La paresse

Cette constatation n'est pas faite pour vous réconforter.

Votre enfant, ce cher objet de tous vos soins, n'est décidément pas à l'abri du péril. On peut légitimement se demander pourquoi des enfants qui ont tout pour réussir sont incapables de maîtriser l'écrit. Vous êtes bien évidemment tentés de penser que la paresse joue un rôle capital dans cette affaire. Si cela était, pourquoi les diverses mesures de rétorsions et les pressions qui ont pesé sur ces jeunes élèves n'ont-elles donné aucun résultat ?

Certes la paresse existe mais de manière beaucoup plus limitée que vous ne le croyez. Un enfant comprend vite qu'il a intérêt à se donner un peu de mal pour réussir s'il peut y parvenir. Il n'en retire que des avantages : il est content de lui, il est apprécié par tous et ses parents, satisfaits, le laissent en paix. Quand vous êtes en conflit avec un enfant, il faut bien évidemment vous interroger sur ses défauts, mais il ne faut pas oublier de penser aux vôtres et, en particulier, de chercher à savoir si votre perfectionnisme et votre envie, légitime mais parfois excessive, de le voir franchir avec succès les obstacles, ne vous poussent pas à lui demander plus qu'il ne peut donner. J'en veux pour preuve les élèves de cette étude qui, dans leur très grande majorité, vivaient avec leur entourage des situations conflictuelles sérieuses et qui ont presque tous découvert le goût de l'effort et de la réussite quand les moyens pour y parvenir leur ont été fournis.

Certains signes doivent attirer votre attention. L'enfant paresseux ne cherche qu'à jouer mais quand il est dans l'obligation de travailler, il se fait une raison et, s'il n'éprouve aucune autre difficulté à vaincre que sa paresse, il réussit à peu près correctement ce que vous exigez de lui. L'enfant qui peine réagit tout autrement. En ce qui concerne la lecture, il cherche par tous les moyens à éviter cette torture qu'on lui impose mais lorsqu'il est contraint de lire on constate de grandes variations dans ses résultats. Dans son livre habituel, ou sur les feuilles photocopiées qu'il ramène, il parvient parfois à lire des pages déjà vues mais lorsqu'il est en présence des mêmes termes dans d'autres textes il ne les reconnaît pas. Il bredouille quelques mots, en invente d'autres, rajoute des syllabes, en retranche, saute des lignes. Quand vous lui demandez de quoi parle le texte lu, vous découvrez avec horreur qu'il n'en a pas la moindre idée ou qu'il tente désespérément, pour vous faire plaisir, d'inventer quelque chose à partir des quelques bribes comprises.

Mais que se passe-t-il donc et que va devenir cet enfant pourtant normal, qui a tout pour réussir et n'y parvient pas ? La réponse est simple, chers parents, votre enfant sera un illettré. Celui en qui vous aviez mis tant d'espoirs fera partie de ces 62 % d'élèves qui entrent en 6e sans savoir utiliser le langage écrit ou de ces 40 % de Français qui ne possèdent pas les bases suffisantes pour s'intégrer dans la vie socioprofessionnelle. Reste à savoir pourquoi cet être sans handicap est en échec. Ne cherchez pas plus longtemps : votre enfant est tout simplement dans l'incapacité de s'adapter à la méthode qui lui est proposée pour apprendre à lire.

Mais, me demandez-vous, comment est-ce possible ? Si d'autres y parviennent, pourquoi pas lui ?

Pour répondre à cette question, il n'y a qu'une solution : comprendre comment procède un cerveau qui lit et apprend à lire et voir si la méthode utilisée pour votre enfant répond aux exigences de ce fonctionnement. Si la réponse est non, l'échec de votre enfant s'explique par son incapacité à compenser les difficultés majeures que cette pédagogie crée pour lui.

II

Comment un cerveau lit et apprend à lire ?

Le cerveau n'est pas une « boîte noire »

Jusqu'au milieu du siècle, la connaissance que nous avions du fonctionnement cérébral était liée à l'étude des pathologies organiques. S'y adjoignaient les conclusions de la psychologie. Ce dernier mode d'approche s'est considérablement développé et a enrichi la connaissance que nous pouvons avoir des comportements de l'homme. Cependant, pour éviter toute ambiguïté, il faut bien comprendre quelle est sa place exacte dans le champ de la recherche. Le psychologue observe comment l'individu réagit aux modifications de son environnement. Il constate des faits et émet des hypothèses pour les expliquer. Chez l'homme toute réaction à un stimulus s'opère par l'intermédiaire du cerveau. Le cerveau est l'interface entre le monde extérieur et l'individu. Le psychologue sait cela et ne le nie pas mais sa démarche se borne à constater les faits en amont et en aval du cerveau qui reste pour lui une « boîte noire » qu'il n'a pas le pouvoir d'ouvrir. Sa recherche s'arrête là où commence celle du neurophysiologiste dont le rôle est d'expliquer comment l'information issue du milieu environnant circule et est traitée dans le cerveau pour aboutir au résultat. Il s'agit là de deux démarches complémentaires mais dont la finalité est totalement différente. La psychologie relie des comportements à des faits par des hypothèses. La neurobiologie explique comment on passe de la stimulation à la réaction. Francis Crick, prix Nobel de physiologie et de médecine en 1962, résume parfaitement cette différence.

« Avec une approche de type 'boîte noire' on atteint très vite un stade ou plusieurs théories rivales donnent des explications tout aussi satisfaisantes des résultats observés. Le choix entre ces théories est alors impossible car plus les expériences se multiplient, plus elles nous révèlent de nouvelles complexités. À ce point il n'y a plus d'autre choix que d'entrer dans la boîte elle-même afin de trancher entre les diverses explications possibles. Cette même complexité (celle du cerveau) nous laisse prévoir que l'approche de type 'boîte noire' de la psychologie pure finira vraisemblablement par s'enliser. Pourtant la psychologie est essentielle car ce que fait un organisme à un moment donné, nous ne pouvons l'apprendre qu'en l'observant. Il n'empêche que la psychologie seule risque fort de rester stérile et il faut compléter l'étude du comportement par des études sur l'intérieur même du cerveau. »

Lorsque F. Crick écrivait ces lignes il ne disposait pas des moyens d'investigation que nous possédons aujourd'hui mais il avait bien perçu la part que les neurosciences prendraient dans la compréhension des comportements humains. Certes, le neurobiologiste émet, lui aussi, des hypothèses. Mais ou bien celles-ci sont prouvées par l'expérimentation, mettent en évidence des faits reproductibles et deviennent alors des données scientifiques ou elles ne sont pas confirmées et sont abandonnées.

Les neurosciences nous éclairent désormais sur la manière dont se mettent en place un grand nombre d'apprentissages. Les découvertes de ces deux dernières décennies ont été confirmées et précisées par les récents apports des nouvelles techniques d'exploration du cerveau. L'imagerie par résonance magnétique fonctionnelle (IRMF) et la tomographie par émission de positrons (PET) permettent d'entrer réellement dans la « boîte noire » et nous montrent comment elle fonctionne en temps réel, sans aucun traumatisme pour les sujets examinés. Il est donc possible désormais, en faisant la synthèse des multiples découvertes que nous pouvons exploiter, de comprendre comment un cerveau lit et apprend à lire. C'est le but que je me suis fixé.

Sans entrer dans le détail de données scientifiques qui n'ont pas leur place ici mais que le lecteur intéressé pourra trouver dans la bibliographie ci-jointe, rappelons les conclusions essentielles en nous limitant à celles qui ont des répercussions pédagogiques évidentes.

En 1981, R. W. Sperry obtint le Prix Nobel de médecine pour ses travaux très innovants sur la spécificité des hémisphères cérébraux*. Quoique fort peu connus, ceux-ci ont ouvert une ère nouvelle pour la neurologie. Dans le domaine qui nous occupe – celui de l'acquisition du langage oral et écrit – Sperry montra que le cerveau fait la différence entre deux types de perception que l'on croyait jusque là identiques : celle de l'image qui correspond à une représentation concrète ou abstraite de l'environnement (pouvant s'exprimer par exemple par le dessin, la peinture) et la perception d'un graphisme très particulier – et acquis beaucoup plus tardivement dans l'évolution de l'homme – qui traduit des sons (langage oral ou musical) sous forme d'écrit. Ce chercheur d'avant garde montra également que l'hémisphère droit, chargé prioritairement du traitement de l'image, travaille de manière analogique alors que l'hémisphère gauche, plus spécialisé dans le traitement de l'information linguistique, opère selon le mode analytique par une succession d'analyses et de synthèses qui partent toujours des éléments les plus simples pour aller vers les plus complexes. Il ne faudrait cependant pas croire que la spécialisation des hémisphères se traduit par une dissociation des fonctions des deux moitiés du cerveau. Sperry lui-même a beaucoup insisté sur la complémentarité des hémisphères. Les procédés actuels d'investigation montrent clairement qu'aucune région du cerveau n'agit seule. Chaque neurone fait partie de multiples réseaux capables de s'interconnecter pour donner naissance à des circuits bouclés interactifs. Ceux-ci acquièrent ainsi la possibilité d'enrichir l'information au fur et à mesure où elle les traverse ce qui permet à la fois la découverte du sens et sa mise en mémoire.

Pour vous, chers parents, qui cherchez à comprendre pourquoi votre enfant risque d'avoir, ou a déjà, tant de mal à apprendre à lire, il semble utile de résumer la manière dont les choses se passent dans le cerveau de chaque lecteur ou apprenti lecteur. Vous comprendrez ensuite pourquoi certains obstacles peuvent être infranchissables.

Lorsqu'un enfant est mis en présence d'un texte, son cerveau est incapable de le traiter dans sa globalité. Les signaux visuels transmis au cerveau par la rétine sont immédiatement identifiés non pas comme des images mais comme des graphismes porteurs de signification sonore. L'écrit, chez le débutant comme chez le sujet qui sait lire, n'est jamais considéré comme une image. L'information ne sera donc pas prise en charge par l'hémisphère droit. Elle sera canalisée vers l'hémisphère gauche. Ceci se produit dès le début de l'apprentissage, que l'enfant soit aidé ou non et quelle que soit la méthode utilisée. Il faut signaler que le mécanisme reste identique lorsque la lecture est acquise. Quand un sujet sait lire, il reconnaît au premier coup d'œil l'écrit. La seule différence entre le débutant et le lecteur averti réside dans la rapidité du transfert de l'information mais les procédés utilisés pour atteindre le but recherché sont semblables et jamais la lecture ne s'opère de manière globale. Une fois que l'hémisphère gauche est en éveil que se passe-t-il ? Il n'est pas possible de rendre exactement compte de phénomènes bouclés puisque, par définition, tout se produit en même temps dans les circuits cérébraux alors qu'une explication est nécessairement linéaire. Si tous les temps de la lecture sont liés entre eux et totalement indissociables, il faut, pour en faire une approche compréhensible, isoler séparément chacun d'eux pour l'étudier en gardant en mémoire le fait qu'ils sont tous exécutés de manière strictement synchrone.

Les neurosciences confirment ce que le bon sens nous suggère et nous pouvons désormais, en synthétisant les travaux parus sur cette question, avancer une définition de la lecture : lire c'est réussir à faire correspondre des signes graphiques avec les sons de la langue, donner un sens à ces assemblages à partir des éléments mis en mémoire et les intégrer dans les ensembles sémantiques de plus en plus complexes que constituent les mots, les groupes de mots, les phrases et les textes.

Mais, il ne suffit pas de le dire, il faut le prouver. L'étude de la structure du langage oral, ou structure phonologique, a beaucoup progressé ces dernières années grâce en particulier aux travaux des chercheurs qui ont travaillé dans le cadre du *National Institute of Child Health and Human Development* de Bethesda dans le Maryland (NICHD). En 1985, à la suite d'une loi d'extension de la recherche sur la Santé votée au congrès, cet organisme fut sélectionné par le Comité d'étude des difficultés d'apprentissage de la lecture (ICLD) pour mener les études destinées à comprendre la cause de ces difficultés et les moyens d'y remédier. En effet, aux États-Unis, la compréhension et le traitement des troubles de la lecture sont considérés comme un problème de santé publique. Déjà dès 1965 des moyens importants avaient été mis en œuvre pour avancer en ce domaine mais depuis dix ans les équipes de chercheurs mobilisés encore plus activement sur ce sujet ont fourni des travaux d'une extraordinaire densité. La bibliographie citée à la fin de cette lettre en indique quelques uns mais ceux-ci ne représentent qu'une part infime des apports de ces équipes. Aux travaux classiques s'ajoutent ceux des pathologies du langage dont la dyslexie est l'aspect le plus fréquent. Les publications portent sur de très grand nombre de cas d'origines sociales et ethniques très variées et répondent aux critères que l'on doit exiger d'une véritable recherche scientifique dont l'objectif n'est pas de défendre une théorie a priori mais de faire apparaître des preuves ou de mettre en évidence des erreurs de raisonnement qui conduisent à l'élimination des hypothèses erronées.

D'autres équipes travaillant sur la connaissance du fonctionnement cérébral ont également largement contribué à la compréhension des phénomènes mis en œuvre dans le domaine qui nous occupe.

Tous les travaux des chercheurs en neurobiologie du langage aboutissent à la conclusion que le cerveau découpe les mots de sa langue orale en unités sonores élémentaires nommées phonèmes. Même si la production sonore des syllabes, en raison de sa rapidité, fait penser que le son émis est unique, le cerveau isole dans une émission vocale les sons qui la composent. Par exemple, la syllabe « la » n'est pas un son unique mais correspond en réalité à deux phonèmes : « l » et « a ». Les publications de Sally Schauwitz et Reid Lyon, entre autres, ont apporté des preuves certaines de cette capacité innée du cerveau humain à découper le langage oral en phonèmes. Des études complexes réalisées chez de très jeunes enfants* ont même montré que le décodage sonore est possible dès les premiers jours de la vie. Le nouveau-né est capable d'identifier les différentes voyelles du langage oral. C'est ensuite l'usage qui permettra la reconnaissance des phonèmes propres à chaque langue. Il existe à la naissance une plasticité cérébrale qui permet au cerveau de s'adapter à n'importe quel type de phonèmes mais cette aptitude, très élevée les premières années de la vie, diminue très vite. Il est intéressant de noter à ce propos que de récentes études concernant le bilinguisme ont montré qu'une exposition précoce à une seconde langue n'est pas suffisante pour permettre d'en maîtriser parfaitement le système phonologique. Les performances du cerveau ne peuvent être excellentes en ce domaine que si l'enfant est immergé dès sa naissance dans un univers totalement bilingue.

Cette aptitude linguistique à la différenciation des phonèmes est présente dans tous les types de langues sans exception puisque le langage oral nécessite toujours l'émission, déroulée dans le temps, de sons associés. Mais, si l'existence de cette aptitude au décodage est constante, ceci ne signifie pas que la qualité en est toujours excellente. Loin de là ! Alors que certains sujets isolent très vite et sans erreurs tous les phonèmes perceptibles, d'autres entendent mal les différences entre ceux-ci. Pour de nombreux enfants persiste ainsi longtemps une sorte de chaos sonore. Les difficultés portent sur la discrimination des phonèmes proches (« v » et le « f », le « b » et le « d », le « ch », « s » et le « z » par exemple). On constate d'ailleurs très souvent que les enfants qui ont du mal à apprendre à lire ont présenté des difficultés ou des retards d'acquisition du langage oral. La capacité de segmentation de la langue en phonèmes a une valeur prédictive certaine en matière de possibilités d'apprentissage de la lecture. De nombreux travaux le montrent et des tests simples peuvent permettre de repérer avant le CP les sujets qui auront des difficultés pour apprendre à lire*. De même la rapidité du décodage est très variable d'un sujet à l'autre, allant de 30 millisecondes chez les individus les plus rapides à 300 millisecondes chez les dyslexiques. On considère même aujourd'hui que l'incapacité ou le retard d'acquisition de la possibilité de découpage rapide des phonèmes est une des causes majeures de la dyslexie. Il faut savoir que beaucoup d'enfants, sans être de véritables dyslexiques, entrent en grande section de maternelle ou en CP sans avoir encore acquis une bonne capacité de reconnaissance des phonèmes de leur langue. Il est probable que de légères anomalies du positionnement des neurones dans certaines régions de leur cortex cérébral suffisent pour compliquer ce travail, induire des erreurs et rendre difficile l'apprentissage de la lecture.

Pour percevoir concrètement ce que vit un enfant qui éprouve des difficultés de discrimination des phonèmes il suffit de se souvenir de ce que l'on ressent lorsque l'on se trouve pour la première fois dans un pays étranger. Même si l'on en maîtrise assez bien la langue, lors du premier contact, il est très difficile de comprendre l'oral parce que l'on ne réussit pas à isoler des mots connus dans la chaîne sonore. Puis au bout de quelques jours, la segmentation s'opère. Il devient possible de repérer des mots dans le flot de paroles entendues et, peu à peu, les progrès s'accélèrent. Le même phénomène se produit chez l'enfant qui va plus ou moins rapidement identifier des sons dans ce qu'il entend. Au début de l'acquisition de la parole, il commence par reproduire les voyelles puis les syllabes fréquemment employées. Il les associe à une signification que son cerveau mémorise. Son vocabulaire s'enrichit ainsi progressivement. On mesure l'importance que revêt la qualité de la prononciation de son entourage. Si vous parlez trop vite, si vous déformez les mots, vous compliquez considérablement la tâche de découpage phonologique que le cerveau doit opérer et vous risquez de lui faire commettre des erreurs d'identification dans les sons qu'il perçoit.

Le français appartient aux langues dites « phonogrammiques ». Il est constitué d'assemblages de symboles correspondant aux phonèmes de l'oral combinés entre eux pour former des mots. Comme le cerveau isole dans la chaîne sonore chacun des phonèmes de sa langue, il va devoir identifier chacun des signes graphiques (les graphèmes) qui représentent ces phonèmes. Pour comprendre en quoi consiste la lecture et en déduire quelle est la manière la plus efficace de parvenir à sa maîtrise, il faut savoir comment s'opère le lien entre les données sonores et les éléments graphiques et comment, à partir de ces matériaux de base, on parvient à la compréhension de l'écrit.

Issue de la rétine l'information visuelle, transmise à la

partie postérieure du cerveau, est dirigée prioritairement vers les régions pariéto-temporales du cortex de l'hémisphère gauche soit environ à mi-chemin du pôle antérieur et postérieur du cerveau. Là se trouvent des aires dont le rôle consiste à découper cette chaîne graphique en petits éléments (points, traits, boucles) et à les recombiner de proche en proche jusqu'à ce qu'une forme évoque un souvenir sonore stocké en mémoire. Dans les langues dites phonogrammiques le plus petit élément graphique qui corresponde à un son est la lettre ou un groupe de lettres équivalant à un phonème. Le cerveau va donc essayer de retrouver ces éléments dans ce qu'il voit et va les combiner entre eux pour les comparer à ce qu'il connaît. Si l'hémisphère gauche est majoritairement mobilisé pour ce travail, il ne faudrait pas croire que l'hémisphère droit reste inactif dans ce processus d'identification. Les neurones de l'hémisphère droit sont en communication étroite avec ceux de l'hémisphère gauche et leur envoient des informations indispensables concernant les formes et l'orientation des signes graphiques dans l'espace. Si l'hémisphère droit commet des erreurs d'identification à ce niveau, les données dont disposeront les neurones des aires du langage à gauche seront erronées. Celles-ci transmettront alors des informations fausses aux autres aires du langage. Vous concevez facilement l'importance que jouent les informations concernant l'orientation spatiale pour dissocier les unes des autres des lettres strictement identiques sur le plan de la forme mais totalement symétriques comme le sont le « b », le « d », le « p » et le « q ». La seule chose qui les différencie est la position du trait par rapport à la boucle. De même le « n » et le « u » sont symétriques donc également le « on » et le « ou », le « an » et le « au » etc.

Cette nécessité absolue d'unir phonèmes et graphèmes permet de comprendre que les difficultés d'apprentissage varient suivant les langues. Si le français est une langue phonologiquement complexe, l'anglais l'est encore beaucoup plus car, dans cette dernière, un même graphème peut correspondre à des phonèmes différents : le « a », par exemple, se prononce de plusieurs manières. On conçoit donc la difficulté que représente son apprentissage chez les enfants pour lesquels la liaison entre le graphisme et le son est difficile à établir. Ceci devrait faire réfléchir les partisans d'un apprentissage précoce de l'anglais. Si celui-ci est envisageable pour les enfants qui ne présentent aucune difficulté d'identification sonore, il constitue un handicap supplémentaire pour tous les autres. On constate que les enfants qui ont éprouvé des difficultés de lecture et sont porteurs de sérieuses dysorthographies ont beaucoup de mal à assimiler l'anglais qui est, pour eux, une langue très difficile à maîtriser, surtout si l'apprentissage proposé part du texte sans établir de corrélation entre les mots et leur signification.

Mais j'entends d'ici la remarque que votre esprit perspicace ne peut manquer de faire. Si tout se passe ainsi comment opèrent les peuples dont la langue est constituée d'idéogrammes ? Et bien ! Exactement comme les autres. Le mode de fonctionnement du cerveau est identique dans toute l'espèce humaine. Comme nous, les Chinois et les Japonais, comme les Égyptiens de jadis, doivent associer les sons de base de leur langue avec le graphisme qui les représente. Les langues idéogrammiques, les premières utilisées par l'homme, découvertes sensiblement en même temps par les Sumériens et les Égyptiens il y a environ 5.000 ans, sont basées sur le principe d'un signe différent par mot ou groupe de mots à représenter. Les peuples d'Asie restèrent majoritairement fidèles aux principes de base des débuts de l'écriture et multiplièrent les signes en fonction des besoins de chaque langue.

Les langues idéogrammiques sont, comme toutes les autres, constituées de phonèmes mais les éléments graphiques qui composent l'idéogramme ne correspondent pas à ces phonèmes. Seul l'idéogramme dans son ensemble a une signification sonore. Dans l'apprentissage de la lecture, l'association du son et du graphisme se fait au niveau de l'idéogramme dans son entier et non pas avec une partie de celui-ci. Si l'idéogramme est une entité sécable sur le plan graphique, il ne l'est pas sur le plan sonore. La seule différence entre les deux types d'écriture réside dans ce fait. C'est par une succession d'analyses et de synthèses que se fera la reconnaissance du graphisme mais c'est au niveau du mot entier que l'association graphisme/son révélera son sens au lecteur. Le cerveau des Asiatiques doit donc attendre que l'analyse graphique du mot soit complète pour lui trouver une signification sonore alors que dans les langues phonogrammiques, le cerveau trouve cette correspondance sonore pour chaque graphème (ou groupe de graphèmes) et que c'est de la combinaison de proche en proche des éléments que naît le sens du mot. Il y a donc, dans ce dernier cas, une étape supplémentaire d'analyse et de synthèse mais le mécanisme de base est identique dans les deux types de langage et les hémisphères travaillent de manière semblable. Contrairement à ce que l'on croit trop souvent, l'apprentissage des langues orientales n'est pas plus global que celui du français. Les langues idéogrammiques comme les autres s'apprennent de manière analytique. Il est bien difficile de faire comprendre cela aux tenants de la méthode globale qui pensent justifier leur approche en assimilant les mots à des idéogrammes, erreur grossière qui est à l'origine de bien des catastrophes pédagogiques. Quel que soit le type de langage, la compréhension du lien qui existe entre le graphisme et le son est donc un temps fondamental de la lecture.

Alors que par manque de moyens techniques, il ne m'a pas été possible d'étudier la discrimination sonore dans mon échantillon d'élèves en difficulté face à l'écrit, j'ai pu, par contre, facilement mesurer les aptitudes de ces élèves dans le domaine de l'identification des formes et de la latéralisation grâce à des épreuves simples auxquelles tous ont été soumis. Parmi les enfants en échec face à la lecture exempts de déficit intellectuel et de troubles psychoaffectifs (285 cas) 29 % identifiaient mal les formes et 52 % présentaient des perturbations importantes de la latéralisation. On constate même que 25 % d'entre eux possédaient les deux anomalies réunies ce qui constitue un handicap considérable pour apprendre à lire.

Ces chiffres sont à rapprocher des études américaines du NICHD qui nous précisent que pour 60 % des élèves, apprendre à lire est difficile et que pour 20 à 30 % d'entre eux, c'est la difficulté la plus importante de toute leur scolarité.

Si aucune lecture n'est possible sans que cette concordance entre son et graphisme se réalise, ces opérations, indispensables ne sont pas pour autant suffisantes.

Tout en décryptant, il faut pouvoir donner un sens aux assemblages réalisés. Comment s'exécute donc cette opération ?

La compréhension de l'écrit

Pendant que certains circuits cérébraux travaillent pour retrouver dans les ensembles graphiques les signes qui correspondent à des unités sonores, d'autres comparent ces assemblages à des connaissances déjà mises en mémoire. Pour simplifier la compréhension de ce phénomène prenons pour exemple la tentative de lecture du mot « lapin » en supposant que nous nous trouvons devant un bon cas, c'est-à-dire un lecteur capable d'identifier correctement les sons et les graphismes.

La lecture s'opère en français de gauche à droite. La vitesse de déroulement linéaire de la lecture dépend de la rapidité des saccades oculaires. Ces mouvements d'une extrême complexité sont l'aboutissement d'un très grand nombre d'ordres qui génèrent un résultat d'une très grande précision : placer l'œil de telle manière que l'image de ce qui doit être vu se projette sur le centre de la macula (cette petite zone de la rétine d'une surface de quelques millimètres carrés qui permet la vision fine). De très récentes études viennent de montrer que la vitesse avec laquelle se produit une saccade dépend de la compréhension issue de la saccade précédente. Nous avons là une preuve certaine de l'absolue nécessité du découpage de la chaîne graphique en petites unités élémentaires et du lien qui existe entre le décryptage et la compréhension. Nous allons voir comment il s'établit.

Les différents travaux dont nous disposons maintenant permettent de comprendre comment, de manière pratiquement certaine, s'établit la compréhension de l'écrit. Dans le mot « lapin », la première perception concerne la forme de la lettre « l ». Le cerveau identifie un tout petit trait horizontal situé au-dessus d'un trait vertical, lui même souligné par un trait horizontal légèrement plus long que le premier. La recherche du sens se fait sur chaque élément identifié. Les perceptions analysées sont recombinées jusqu'à ce que la recombinaison évoque un souvenir sonore. Le petit trait horizontal ne correspond à aucun son. L'association avec le trait vertical non plus. Par contre, lorsque le trait à la base du signe est ajouté, si le sujet dispose en mémoire de la lettre « l », il la reconnaît et la lit réellement.

Ce type d'opération se produit pour chaque signe. En même temps que le décodage s'opère la découverte du sens sonore du graphisme par essai d'assemblages de proche en proche des signes décodés s'élabore. Pour le « l » isolé, aucun sens n'est trouvé en dehors de sa signification sonore mais celle-ci est suffisante pour déclencher la saccade oculaire et pour passer à la lettre suivante identifiée à son tour. Son association avec le « l » permet la découverte du son « la ». L'association avec « p » (« lap ») n'a pas de signification autre que sonore car « lap » ne correspond à aucun mot de la langue. L'étape suivante conduit à « lapi ». Si le lecteur connaît le mot « lapin », une anticipation sur le sens peut être faite. Reste à savoir si la suite de la lecture va confirmer ou non cette intuition. La dernière lettre « n » identifiée nous sommes alors devant l'assemblage « lapi+n ». Si l'enfant connaît le son « in », le cerveau, dans son passage en revue de toutes les solutions possibles, va reconnaître ce son. Il va alors comprendre que le « i » ne se lit pas isolément dans ce mot mais est regroupé avec le « n » pour former un son qui donne alors un sens au mot. Il opte donc pour la solution « lapin » qui a bien été lue et non devinée. S'il ne connaît pas le son « in » que peut-il se passer ? Il peut très bien, comme cela a été dit précédemment, extrapoler et adopter le mot « lapin » qui est alors deviné et non lu. Mais il peut aussi lire « lapi »+« n », ne pas comprendre de quoi il s'agit, ou lire « lapine ». Le sens du texte lui permettra peut-être de corriger ensuite cette erreur mais il peut aussi ne pas la percevoir et continuer sa lecture en intégrant en mémoire cette donnée inexacte.

Toute lecture se fait ainsi. Et ne croyez surtout pas que ce type de travail est réservé au lecteur débutant pour disparaître ultérieurement. La lecture du lecteur averti est strictement identique dans ses mécanismes à celle du débutant. La seule différence réside dans le fait que le lecteur entraîné a acquis une automatisation de fonctionnement des circuits cérébraux qui lui permet d'exécuter ces opérations à une très grande vitesse mais la manière dont le cerveau opère est identique dans tous les cas pour la simple et unique raison qu'il ne sait pas faire autrement ! J'en veux pour preuve les images obtenues en IRM fonctionnelle. Si l'on fait lire à un sujet des séries de mots on voit les différentes aires mobilisées par la lecture entrer en action. Si l'on montre plusieurs fois ces mêmes grilles, on observe que les mêmes aires s'activent mais au fur et à mesure de l'apprentissage on constate que la surface mobilisée diminue. Les mêmes réseaux neuronaux sont sollicités dans les deux cas mais pour une même stimulation le nombre de neurones utilisé n'est pas identique. On pense que l'apprentissage opère une sélection qui retient les neurones les plus performants pour cette tâche et libère les autres qui seront alors disponibles pour d'autres fonctions. Quoi qu'il en soit, les aires sollicitées par l'activité lexique sont strictement identiques chez le lecteur averti et chez le débutant. Si la lecture automatisée était globale et assimilable à une reconnaissance de mots considérés comme des images, elle mobiliserait majoritairement l'hémisphère droit. Or, il n'en est rien. La lecture automatisée fait toujours appel prioritairement à l'hémisphère gauche.

Pour percevoir ce que chaque mot signifie, le lecteur compare le mot identifié à ceux qu'il a mis en mémoire. On perçoit bien ici l'importance que revêt l'oral dans l'apprentissage de l'écrit. Pour bien comprendre un texte, le lecteur doit posséder du vocabulaire. Mais il lui faut aussi pouvoir mémoriser chaque mot lu pour l'intégrer dans des ensembles sémantiques de plus en plus grands. Le passage à la phrase nécessite, de plus, une compréhension qui fait cette fois appel à la syntaxe. On sait maintenant qu'il existe des aires cérébrales spécialisées dans l'analyse de la forme des mots et de leur structure grammaticale, par exemple dans la reconnaissance des formes accordées ou conjuguées des mots. Pour apprendre correctement à lire l'enfant doit pouvoir identifier les principales natures de mots. D'une manière générale, la compréhension du langage oral aboutit spontanément à la différenciation entre les mots qui expriment une action ou un état, ceux qui permettent de reconnaître le genre et le nombre, ceux qui en complètent d'autres, etc. S'il n'est pas nécessaire de savoir quel est le nom grammatical de la nature et de la fonction des mots pour lire, il faut, par contre, avoir conscience de l'existence de ces fonctions pour opérer les choix indispensables. Les neurones doivent pouvoir différencier des mots formés d'une succession de lettres identiques mais porteurs de sens différents. Prenons le célèbre exemple : « les poules du couvent couvent ». Les deux derniers mots sont strictement semblables sur le plan de leur morphologie. Le sens ne sera trouvé que lorsque les aires spécialisées dans l'analyse grammaticale auront reconnu la terminaison des deux mots et, par essais successifs auront découvert que l'un peut être le son « en » avec un « t » final muet et l'autre la terminaison « ent » d'un mot qui exprime une action. Pour que ceci puisse se réaliser, il faut que le lecteur connaisse le sens du nom « couvent » et celui du verbe « couver ».

L'appel à ces mécanismes sous-entend la capacité d'anticiper en lisant c'est-à-dire d'utiliser les saccades oculaires pour permettre de tirer de la compréhension de la suite du texte des informations permettant de trier entre les diverses solutions possibles. Les neurones qui opèrent les distinctions sémantiques et grammaticales adéquates semblent être localisés dans une aire située en avant des aires occipitales de la vision. Cette aire dispose d'une particularité fonctionnelle extrêmement intéressante. Elle intervient pour analyser le mot quand le lien entre le son et le graphisme est déjà établi. Si l'on soumet à un lecteur une liste de mots ayant une signification mêlés à des mots qui n'ont aucun sens (ce qu'on appelle les non-mots) on constate que cette aire fonctionne en IRMF lors de la lecture des mots porteurs de sens et reste totalement muette lorsque le lecteur lit des non-mots. La lumière n'est pas encore totalement faite, à ma connaissance, sur le rôle exact de cette aire, mais tout porte à croire qu'elle intervient au niveau le plus élevé de l'analyse. Son rôle consiste très probablement à compléter la compréhension du mot en repérant sous quelle forme il est consigné : est-ce une forme accordée d'un mot déjà connu, est-il porteur d'une lettre finale muette qui dépend de sa fonction grammaticale, etc. De plus, il faut noter que le fait que cette aire n'intervienne pas dans la lecture des non-mots est une preuve de plus du caractère analytique de la lecture car, si la lecture était globale, cette aire entrerait en action en IRMF aussi bien pour les non-mots que pour les mots.

Comprendre un texte, ne nécessite pas de retenir tous les mots lus jusqu'à la fin de la lecture mais d'isoler, au fur et à mesure de l'avancement de la compréhension, les éléments essentiels et de les mettre en mémoire pour les exploiter une fois la lecture terminée. Il s'agit là d'un ensemble d'opérations intellectuelles très complexes qui font entrer en jeu de très nombreuses aires cérébrales. Il est bien évident que si l'on veut pouvoir réussir ce stade le plus élaboré de l'acte lexique, il faut, d'une part, disposer d'un minimum d'aptitudes conceptuelles, être capable de concentration et de fixation de l'attention mais il faut aussi avoir parfaitement réussi les opérations de base que sont la liaison entre les graphismes et les sons. Comme pour les aires de la reconnaissance grammaticale, les circuits cérébraux mobilisés pour ce travail ne pourront être performants que si les données qui leur sont transmises sont exactes. Si des erreurs se sont produites au moment de la liaison du graphisme et du son, comment peut-on espérer que le texte soit bien compris ?

Décodage et recherche du sens sont donc deux temps du traitement de l'information totalement indissociables sur le plan neurologique car leurs circuits sont étroitement imbriqués les uns dans les autres. C'est cette interpénétration qui crée leur interactivité et permet à l'information de s'enrichir au fur et à mesure de son cheminement dans les réseaux neuronaux. Cette réalité neurologique explique aussi que la moindre erreur commise dans une des phases du traitement de cette information perturbe le résultat final du travail effectué. On comprend donc que chaque temps de la lecture a son importance et qu'une pédagogie correcte sera celle qui respectera les exigences du fonctionnement cérébral et facilitera ainsi le travail de chaque aire cérébrale et de l'ensemble du cerveau.

Peut-être, vous vient-il à l'esprit une remarque : il existe des enfants qui semblent savoir lire car leur rythme de lecture est fluide, ils respectent la ponctuation et mettent correctement l'intonation. Mais, quand vous leur demandez de résumer le texte, vous constatez qu'ils n'en ont pas perçu le sens ou qu'ils peuvent seulement vous répéter quelques mots de la dernière phrase lue. Cette situation est particulièrement surprenante lorsqu'elle survient chez des enfants qui disposent d'une pensée conceptuelle de bon niveau, capable de réaliser facilement des opérations d'analyse et de synthèse et qui devraient donc pouvoir isoler sans difficulté les informations essentielles d'un texte.

Vous pensez sans doute que, dans ce cas, il y a dissociation entre décryptage et compréhension. Il n'en est rien. L'opération s'est déroulée normalement mais l'effort fait par le cerveau pour lire est si important qu'il ne permet pas à l'information d'être mise en mémoire. Le lecteur comprend instantanément ce qu'il lit (s'il n'y avait pas compréhension immédiate de la lecture il lui serait impossible de mettre une intonation correcte) mais la lecture d'un mot efface le souvenir du précédent.

Voici donc résumées les principales opérations qui conduisent à la compréhension d'un texte lu. Les mécanismes mis en œuvre pour y parvenir sont à la fois multiples et complexes. Mais enfin, me direz-vous, depuis près de 6000 ans on apprend à lire et les générations qui nous ont précédés y sont parvenues sans savoir comment le cerveau fonctionne ! Ceci est parfaitement exact. Mais il faut observer que jusqu'à la moitié de ce siècle on utilisait exclusivement, pour ce faire, des méthodes alphabétiques. Le simple bon sens avait tout simplement fait remarquer aux pédagogues que l'écriture est linéaire dans le temps et dans l'espace. Depuis l'abandon des coins qui permettaient aux Sumériens d'imprimer dans l'argile des symboles graphiques représentant les mots, les graphèmes s'inscrivent à la suite les uns des autres. Il était donc logique de les apprendre séparément pour les assembler ensuite. Cette vieille méthode qui subit tant d'attaques se trouve désormais totalement justifiée par les découvertes les plus récentes des neurosciences : aujourd'hui, science et bon sens se rejoignent.

III

Méthodes d'apprentissage de la lecture

Méthodes traditionnelles de type alphabétique

Comment procède-t-on dans un apprentissage de type alphabétique ?

On apprend à quel son correspond chaque signe graphique. Puis, on assemble ces signes entre eux pour former des syllabes et des mots. On répond donc très exactement aux besoins du cerveau puisqu'on lui fournit le code qui conduit à la mise en place de ce lien graphisme/son dont l'établissement est une priorité absolue pour avoir accès au sens de l'écrit. Certes pour qu'il y ait compréhension, nous l'avons vu, il faut aussi que l'apprentissage de l'oral permette à l'enfant d'acquérir un vocabulaire suffisant et un minimum de connaissances syntaxiques mais ces connaissances ne servent à rien si la phase phonologique de traitement du langage n'est pas d'excellente qualité. Cette méthode dite alphabétique ne permet certes pas à 100 % des enfants d'apprendre à lire, ce qu'aucune pédagogie ne peut prétendre faire, mais il est évident qu'en fournissant au cerveau les éléments constitutifs du système de codage de la langue, elle facilite l'apprentissage en limitant le risque d'erreurs et favorise ainsi la découverte du sens.

Mais depuis 50 ans environ un vent de réforme souffle sur la pédagogie et balaye pratiquement tout sur son passage. La pédagogie rénovée qui conduit aux méthodes d'apprentissage de la lecture globale, semi-globale, active, nouvelle ou naturelle, s'est totalement substituée, sauf cas exceptionnels, aux méthodes traditionnelles âprement combattues.

Les méthodes alphabétiques, violemment critiquées, ont été accusées par leurs détracteurs de conduire les élèves à une lecture syllabique, autrement dit ânonnante et de ne pas intégrer la dimension sociale et affective du langage en ne permettant pas l'accès direct au sens du texte. De plus, nécessitant un apprentissage considéré comme contraignant elles étaient accusées de priver l'enfant de l'aspect ludique dont il est sensé avoir besoin pour acquérir le goût de la lecture.

Un court extrait du rapport du recteur Migeon résume bien l'idée qui sous-tend cette démarche : « Par la résolution de situation-problème, la pratique répétée, par essais-erreurs et la correction raisonnée de ses erreurs, l'apprenant accède au savoir-faire de base. La phase de compréhension pénètre la phase de maîtrise mais la seconde ne saurait précéder la première. Les actes et les procédures deviennent de plus en plus faciles : le lecteur requiert toujours moins d'indices pour construire le sens des textes qui font déjà partie de sa culture. Il lit facilement, sans fatigue, puisqu'il n'a plus à se préoccuper ni de comment ni de pourquoi il lit. Il a acquis un statut de lecteur. » Dans un document remis récemment à des maîtres lors de conférences pédagogiques on apprend que « l'attitude de lecteur se prend très tôt, dès la petite section de maternelle. Elle s'exerce sur les objets, les gens, les images, les pictogrammes, puis les mots et les phrases, par le repérage des ressemblances et des différences. Chaque enfant prend ses repères visuels où il veut. Le maître cherche à savoir comment l'enfant prend ses repères et l'aide à choisir les plus pertinents ». Pour cet auteur, l'effort de perception du code écrit doit être « une mémorisation visuelle de structures écrites comme l'apprentissage de la langue orale est une mise en mémoire de structures verbales ».

Concernant les méthodes alphabétiques, nous relevons aussi cette affirmation péremptoire : « Par cette méthode, on n'empêche pas les enfants normalement doués d'apprendre à lire, parce qu'ils sont mis tout simplement en présence de textes écrits mais on retarde les moins doués et on enlise les mal doués en leur administrant la preuve journalière qu'ils ne savent pas lire ».

À la lumière de ce que vous savez de l'apprentissage de l'écrit, vous apprécierez, sans nul doute, ces intéressantes déclarations basées sur des postulats totalement faux. Devons-nous comprendre que jusqu'à cette période bénie où l'on découvrit enfin la vérité sur l'acte de lire tous les enfants ont été des martyrs de la lecture et que tous les hommes qui ont appris à lire avant cette date étaient de pauvres victimes écartées du savoir et incapables de comprendre ce qu'elles lisaient ? Avant d'envisager ce que sont réellement ces pédagogies nouvelles, il est utile de rappeler quelques éléments qui permettront de mieux comprendre les idées qui sous-tendent leur naissance, déjà ancienne.

La pédagogie rénovée

La méthode globale vit le jour vers la fin du XVIIIe siècle. Nicolas Adam avança l'idée de la nécessité d'une approche de la lecture dans laquelle la dimension affective du langage écrit devait être prise en compte de manière prioritaire. Au début du XXe siècle Köhler élabora la *Gestalttheorie*. Pour ce psychologue la perception est supposée être le résultat des rapports des différentes formes identifiées beaucoup plus que de la vision des formes elles-mêmes. Il s'agit là d'une hypothèse comme le sont toutes les théories qui ne reçoivent pas la confirmation de l'expérimentation scientifique. À supposer que Köhler ait raison pour la perception des images, ce qui n'est aucunement prouvé, cette théorie est totalement fausse pour la perception du langage écrit qui, nous le savons maintenant, ne peut en aucun cas être assimilé à l'image. Certes Köhler n'était pas neurologue et, de plus, son époque ne disposait pas des connaissances qui sont aujourd'hui les nôtres. On ne peut donc lui faire grief d'avoir avancé une explication que, d'ailleurs, il ne destinait pas spécialement à la perception de l'écrit. Par contre, on peut s'étonner que de telles affirmations que toute la neurologie réfute puissent être encore privilégiées et développées aujourd'hui.

De Nicolas Adam à nos jours, l'évolution des idées dans le domaine de la lecture en arriva à opposer décryptage et compréhension, allant même jusqu'à les considérer comme totalement antinomiques. On mit donc aux antipodes les deux types possibles d'apprentissage : la méthode syllabique, aussi vieille que l'est la pratique de la lecture et de l'écriture qui serait basée sur le seul décryptage de la langue et la méthode dite « globale » destinée à mettre l'apprenti lecteur en face d'un texte afin qu'il en découvre le sens sans passer par l'apprentissage du code alphabétique. Ce que nous savons aujourd'hui du langage écrit nous montre l'absurdité de cette distinction puisque les circuits neurologiques se construisent de telle sorte que décryptage et découverte du sens sont strictement synchrones et totalement indissociables.

La méthode globale qui place l'enfant devant un texte sans préparation préalable est encore très largement utilisée contrairement à ce qui est affirmé. Elle est souvent présentée sous sa forme dite « semi-globale ». Ces deux pédagogies sont, en fait, identiques en ce qui concerne leur principe de base et – hélas – leurs résultats. Dans les deux cas, on part de phrases ou de mots abordés dans leur ensemble sans isoler les éléments qui les constituent pour que l'enfant ait directement accès au sens Quand il s'agit d'une globale pure, on poursuit cette approche jusqu'à la fin de l'apprentissage. S'il s'agit d'une semi-globale, on commence par une phase plus ou moins longue de globale puis on lui associe ultérieurement l'apprentissage du code en isolant à chaque leçon un graphème. On pense ainsi tourner la difficulté en privilégiant la recherche du sens tout en gardant l'intérêt de l'apprentissage des graphèmes introduits plus tardivement. Certains enseignants pensent même très sincèrement utiliser une méthode alphabétique parce qu'ils font référence après un certain temps d'usage de la globale, à des graphèmes et des phonèmes ! C'est ainsi que j'ai eu la stupéfaction d'apprendre un jour que le célèbre *Ratus*, trop connu de beaucoup de parents, était une méthode alphabétique alors qu'il s'agit d'une pure semi-globale ! Ces erreurs effarantes sont d'autant plus redoutables que méthodes globales ou semi-globales sont aussi dangereuses les unes que les autres contrairement à ce que l'on croit souvent. Il est simple de comprendre pourquoi.

Que se passe-t-il lorsqu'un enfant qui ne sait pas lire est mis en présence de textes ou de mots sans passage préalable par l'apprentissage des graphèmes ?

Dès la première leçon on présente au futur lecteur des phrases ou même des textes dont il devra découvrir le sens. Très peu d'indications lui sont données, au départ. Suivant les enseignants celles-ci sont fournies soit oralement par lecture des phrases, soit beaucoup plus souvent en partant de procédés visuels : étiquettes sur lesquelles figurent des mots qu'il faudra mettre sous des images correspondant à leur sens, série de mots inscrits au tableau, etc. Les recommandations pédagogiques actuellement privilégiées par l'Éducation nationale pour atteindre ce but constituent ce que l'on appelle la « lecture par hypothèses » dont votre enfant a toutes les chances de « bénéficier ».

Pour vous faire comprendre de quoi il s'agit sans déformer la pensée des auteurs, le mieux est, me semble-t-il, de citer les textes issus de divers groupes de recherche pédagogique qui font autorité en ce domaine*. Ils sont hautement instructifs.

« La lecture en classe s'inscrit dans une pédagogie du projet. Ce sont les élèves qui questionnent un texte pour en tirer du sens et non l'enseignant qui pose des questions de compréhension sur ce texte.

« Des aides à la lecture sont fournies sous forme de tableaux, de mots clés, de mots outils affichés en classe. »

Les activités issues de ces principes peuvent donner lieu à trois séquences pédagogiques réparties sur une journée de classe.

Première séquence

L'enseignant distribue le document écrit sans le commenter.

« L'important n'est pas de deviner juste mais de se mettre l'esprit aux aguets, d'avoir des attentes à l'égard du texte que l'on va découvrir. Il s'agit naturellement de construire le sens du texte qu'on va découvrir mais aussi de prendre conscience des activités que l'on a mises en œuvre pour y parvenir ».

Il faut « chercher dans le texte le maximum d'informations pour pouvoir répondre à cette question : qu'est-ce que cela peut bien signifier ? »

« Par un échange informel, les enfants disent ce qu'ils ont compris de l'ensemble du texte ». Ils repèrent « les indices d'identification du type de texte : c'est une histoire courte, il y a un titre, des illustrations, c'est comme un poème, c'est pour fabriquer quelque chose ».

« L'enseignant ne tranche pas. Les contradictions de sens, s'il y en a, seront mises en réserve pour pouvoir être levées lors de l'étape suivante ». On recherche « les indices linguistiques : il y a des mots commençant par une majuscule, on reconnaît beaucoup de petits mots, on souligne, on encadre en distinguant par un code de couleurs tout ce qui est connu, on émet des hypothèses concernant d'autres mots à découvrir. (...) On se proposera d'obtenir à partir de ce qui a été reconnu des propositions pertinentes. À chaque fois elles seront écrites et donc comparées au texte ». Certains mots peuvent être identifiés par des illustrations.

Ensuite, on se demande « ce qu'on a compris du texte ». « Certains lecteurs (de plus en plus nombreux au fil des jours) sont en mesure de lire la suite et la fin du texte (mots répétés, mots induits par le contexte)... On clôt cette phase par une lecture oralisée du maître ou d'un ou deux enfants volontaires ».

Deuxième séquence

« Par des comparaisons de mots, on aura identifié les consonnes ». On procède de même pour les voyelles.

« Avec certains enfants, le travail devra être conduit par le maître ; pour un nombre croissant d'enfants, la recherche pourra être personnalisée et autonome ».

« Chaque enfant est invité à faire son bilan personnel, par exemple en répondant à ce type de question : qu'est-ce que j'ai appris aujourd'hui pour devenir un lecteur plus efficace ? Quels indices ai-je découverts et auxquels je n'avais pas prêté attention jusqu'ici ?

Qu'est-ce qui m'a paru difficile ? Comment ai-je réussi à vaincre cette difficulté ? On s'entraîne à la décomposition/ recomposition d'un mot du texte. On déchiffre le mot au sens propre du terme... On complète les fiches individuelles en notant les mots nouveaux, (...) en ouvrant une page nouvelle pour les mots se terminant par (...) en complétant les séries ainsi ouvertes par d'autres mots rencontrés dans d'autres textes. (...) On élabore une grille en mettant en évidence la structure du texte, la silhouette de l'ensemble de l'écrit ».

Troisième séquence

« On présentera des activités différenciées concernant le contexte, les types de textes.

On fera manipuler des mots connus en jouant sur la chasse aux graphèmes intrus, l'écriture de syllabes manquantes, le classement des mots commençant par la même lettre, la décomposition de mots en isolant et en comptant les graphèmes, la recomposition de mots à partir des syllabes qui le constituent ».

« On proposera un texte à lire, à l'image de ce qui a fait l'objet du travail du matin. Il n'est évidemment pas exclu de réinvestir ce qui a été acquis par ailleurs ».

Et l'auteur de conclure :

« Comme on le voit, diverses démarches ont été utilisées :

– globale, chaque fois que possible de manière à garder un lien étroit entre le texte et ce qu'il signifie ;

– analytique lorsqu'on veut lire un mot en le comparant à d'autres, par référence à des repères ;

– synthétique enfin, lorsqu'il s'agit, pour mieux extrapoler, de reconstruire ».

Ces grands principes pédagogiques s'appuient sur une vision de la lecture dans laquelle cet acte intellectuel prend une dimension qui a de quoi surprendre. Nous apprenons ainsi dans des ouvrages de référence* que « lire un texte, c'est en construire le sens. (...) On n'apprend pas à lire à un enfant, c'est lui qui s'apprend à lire, avec notre aide ». Et encore : « Votre enfant (...) vous lit à voix haute des phrases, après avoir chaque fois quitté des yeux le texte. D'une phrase, il passe à plusieurs ; avant de regarder à nouveau le texte, il vous annonce ce que dira la suite immédiate de ce qu'il vient de lire. Mesurez le progrès en nombre de mots lus sans regarder le texte ».

Ne sursautez pas ! Vous avez bien lu. Ce document est authentique* !

Un enseignant troublé par ces recommandations, demandait un jour à un orthophoniste ce qu'il pensait de la lecture par hypothèses. Celui-ci lui répondit. « C'est simple. Vous écrivez 'les porcs mangent des pommes de terre'. L'enfant vous lit : 'les cochons bouffent des patates' ».

Voici donc la manière dont votre enfant risque « de s'apprendre à lire ». Ce sont les inspecteurs généraux auteurs du rapport de 1995 qui l'affirment. Ils constatent que : « Dans la plupart des classes observées, les maîtres commencent la leçon de lecture par la découverte d'un texte inconnu des élèves. Il s'agit en général d'une fiction simple dont le sens leur est accessible. Dans une minorité de classes, le maître présente un texte à caractère fonctionnel (recette de cuisine, affiche, fiche technique). Dans tous les cas, le texte présenté aux élèves comprend des mots connus et d'autres qu'ils sont amenés à découvrir. Quelques maîtres abordent le texte par une lecture linéaire du début à la fin, en déchiffrant les mots inconnus chaque fois que cela s'avère nécessaire ».

« Dans de nombreuses classes, les élèves reconnaissent, dans le désordre, les mots déjà connus et évoquent le sens général du texte. Les mots inconnus sont ensuite, soit devinés à partir du contexte, soit déchiffrés, soit encore identifiés en combinant des éléments du code et le contexte (...). Rares sont ceux (les maîtres) qui conduisent l'étude de la relation graphophonologique en étroite relation avec la reconnaissance et le sens des mots ».

« Comment l'élève procède-t-il dans la lecture d'un mot ? À quoi se réfère-t-il ? Rares sont les maîtres qui prennent en compte ces questions dans leur enseignement. »

« Le travail sur des phrases ou des mots isolés s'effectue individuellement, en général sous forme écrite et sert souvent d'évaluation. Il s'agit de relier des mots et des dessins, de reconnaître un mot dans une liste, de compléter des phrases, de copier des mots ou des phrases, de séparer les mots d'une phrase ou de les remettre dans l'ordre, ou encore de trouver si une phrase est vraie ou fausse. »

Vous voici donc fixés. Sachez de plus, que depuis les États généraux de 1999, Mme S. Royal, sans doute brillamment conseillée, demande que l'apprentissage de la lecture fasse de plus en plus appel à l'image, ce qui constitue un non-sens puisque écrit et image sont pour le cerveau deux informations de nature différente.

Les inspecteurs généraux constatent également que

l'oralisation de la lecture est très limitée.

« Quant au temps de lecture à voix haute, il est en général très réduit pour chaque élève et même pour l'ensemble de la classe. Le plus souvent, quelques élèves lisent une phrase ou participent à la relecture du texte. Le temps réel de lecture à voix haute est donc souvent pour l'élève de l'ordre de quelques minutes. Il est fréquent que tous les élèves ne participent pas au cours d'une journée à une lecture à voix haute... Les maîtres réduisent le temps consacré à la lecture oralisée qu'ils jugent trop 'scolaire'. De plus, ils disent ne pas savoir comment insérer cette activité dans de vraies situations de communication ».

Ils déplorent cette situation et ont, sur ce point parfaitement raison. Mais là encore on peut constater l'ampleur de leur ignorance. Ils nous disent en effet : « ils (les maîtres) oublient souvent que la lecture à voix haute peut avoir bien d'autres objectifs ». En réalité, ce ne sont pas les objectifs de la lecture à voix haute qui doivent justifier cette démarche d'oralisation mais, une fois de plus la neurologie. Les circuits de la lecture aboutissent dans les régions motrices de la bouche et du larynx et déclenchent spontanément une production orale de l'information traitée. Pour lire à voix basse, il faut faire intervenir des mécanismes d'inhibition destinés à bloquer les régions frontales responsables de l'oralisation. Il s'agit là d'une difficulté supplémentaire qu'il ne faut jamais imposer au lecteur débutant. Les maîtres de jadis l'avaient bien compris. Ils faisaient lire à voix haute toute la classe en même temps ce qui permettait à tous les enfants de participer à cette oralisation. Là encore, la connaissance leur donne raison mais de toute évidence elle échappe à nos inspecteurs qui restent pourtant assez perplexes devant cette diversité des approches de la lecture et concluent par cette phrase d'une clarté limpide. « En fait, l'analyse des difficultés en matière d'enseignement de la lecture et la recherche de procédure de remédiation, tant dans le domaine de la pédagogie que dans celui de la didactique, sont sources d'interrogations chez la plupart des maîtres ». De tout temps, le jargon, fustigé par Molière, servira-t-il à masquer l'ignorance ?

Comme vous avez pu le constater dans ces textes édifiants, les adeptes des pédagogies rénovées basent toute leur démarche sur un axiome : l'enfant photographie les mots, les stocke en mémoire dans leur globalité et peut ainsi les reconnaître lorsqu'il les rencontre à nouveau. Vous savez qu'il n'en est rien. L'enfant soumis à ces pédagogies commencera par essayer de retenir par cœur ce qu'on lui aura prononcé comme il peut le faire pour le texte d'une chanson ou pour une poésie. Il ne faudra donc pas s'étonner de trouver dans sa bouche, lors de la lecture des synonymes ou des interprétations plus ou moins fantaisistes. Ce fait, que vous pourrez constater dès le début de l'apprentissage, se poursuivra plus tard quand, ne pouvant lire un mot, l'enfant extrapolera à partir de ce qu'il aura compris pour combler les vides de sa lecture. Cette tendance sera d'autant plus marquée qu'il disposera de facultés d'analyse et de synthèse plus développées. Ce comportement découle directement du principe de la lecture par hypothèses où le lecteur n'est pas contraint de découvrir le sens exact du texte qu'il lit mais de construire ce sens à partir de ce qu'il comprend. La lecture ressemble alors à ces auberges espagnoles dans lesquelles chacun trouve ce qu'il apporte ! Ceci stimule, sans nul doute, la créativité et évite au lecteur d'être prisonnier de son texte mais, il ne faudra pas lui reprocher quelques années plus tard d'interpréter à sa guise les énoncés de mathématiques où de répondre à des questions différentes de celles qui lui seront posées ! Pour illustrer ce fait, je citerai, parmi tant d'autres, l'exemple d'une petite fille de CP en échec total après cinq mois d'apprentissage. Je choisis une page de son livre de lecture habituel, déjà lue en classe, sur laquelle on voyait un enfant regarder un poisson rouge dans un bocal auprès duquel se tenait un chat qui se dressait vers le bocal. Sous cette illustration, on pouvait lire « le chat va attraper le poisson rouge ». L'enfant, visiblement terrorisée à l'idée de lire, me dit d'abord : « je ne sais pas ». À ma question : « mais tu as déjà lu cette page : que ferais-tu si tu étais à l'école » elle répondit : « j'essayerais de me rappeler et j'inventerais ». Je lui dis alors de faire comme à l'école. Cherchant désespérément dans ses souvenirs ce qui pouvait bien relier l'enfant, le chat, le poisson rouge et son bocal l'enfant me « construisit » la phrase suivante : « le chat veut apprendre à nager ».

Pourtant certains élèves réussissent à apprendre à lire avec des pédagogies de ce type, ou, vaudrait-il mieux dire, malgré des pédagogies de cette nature. Comment procèdent-ils ? Exactement comme quelqu'un qui apprend à lire seul. En écoutant ce qui est prononcé et en regardant les mots écrits dont on lui donne le sens, le cerveau recherche des similitudes entre ce qu'il voit et ce qu'il entend. Il comprend que deux sons identiques doivent correspondre à deux signes graphiques semblables. Prenons un exemple : « lapin » et « vache ». Si l'enfant sait bien différencier les phonèmes il va remarquer qu'un même son se retrouve à l'intérieur des deux mots. On entend dans chacun le son « a ». Il en déduit donc qu'il existe forcément un signe graphique commun aux deux mots qui représente ce son. Il découvre ainsi le « a » et le met en mémoire.

Entre « lapin » et « cheval », il identifie le son « l » au début et à la fin de chacun de ces termes. Il en déduit qu'un autre graphisme commun exprime ce son. Il découvre le « l ». Il procède ainsi pour toutes les lettres. Ce travail, déjà très difficile pour les sons symbolisés par un seul graphisme devient particulièrement complexe pour les phonèmes composés de plusieurs lettres ou qui peuvent être utilisés de plusieurs manières. Par exemple, il faut différencier le a+n qui forme le son « an » et le a+n suivi d'une voyelle dans lequel le « n » n'appartient plus au son « an » mais se lit avec cette voyelle. Il faut découvrir les diverses possibilités de lecture du « c », du « g », la présence des lettres muettes situées en fin de mot, la différenciation entre le son « en » suivi de « t » et le « ent » qui marque la troisième personne du pluriel des verbes, etc. On pourrait ainsi citer de très nombreuses difficultés et l'on ne peut qu'admirer les extraordinaires performances du cerveau humain qui, malgré tant de handicaps, réussit dans 50 % des cas à découvrir les liens qui unissent le graphisme et le son quelle que soit la méthode qui lui est proposée pour apprendre ! Qu'il s'agisse de globale, de semi-globale ou de méthode par hypothèse le problème est identique. Les élèves qui ne sont porteurs d'aucune perturbation dans le domaine de la discrimination auditive, de celle des formes et de l'orientation spatiale parviendront à bien lire. Mais ceux qui éprouvent des difficultés pour différencier des sons proches ou confondent le sens des lettres commettront de multiples erreurs dans la découverte des correspondances entre le code sonore et graphique ainsi que dans celle des règles de la combinaison de ces signes entre eux. Or, si des confusions doivent se produire, elles apparaissent dès le début de l'apprentissage. C'est pourquoi l'emploi des méthodes semi-globales est tout aussi redoutable que celui des globales. Il est désolant de constater que tant de maîtres, pourtant de bonne volonté, ne sont pas conscients de cette réalité.

La situation est d'autant plus grave que beaucoup d'enfants qui entrent en grande section de maternelle ou en CP sont porteurs de perturbations importantes du lien graphisme/son. Depuis quelques années, les instructions pédagogiques exigent que, dès la maternelle, les enfants soient « plongés dans un bain d'écrit » comme le veut la formule consacrée. On entoure donc les murs de la classe de textes divers et variés. On y affiche également les prénoms de tous les élèves. Leur cerveau tente alors activement d'établir, dès ce stade, des correspondances entre l'oral et l'écrit. Entre François, Philippe, Fabrice, Karine, Caroline, Cécile, Charlotte, Chloé, Guy, Géraldine, Jacques, Jean, Geoffroy, Jonathan... et les autres, vous comprendrez sans peine la déroute de ces pauvres enfants qui cherchent désespérément à établir des liens entre ce qu'ils voient et ce qu'ils entendent.

De plus, il faut avoir présent à l'esprit le fait qu'aucun enfant n'est élevé dans une bulle qui l'isole du monde. Il est donc très tôt en contact avec l'écrit sous des formes diverses. Il essaye de reconnaître ce qu'il voit sur les produits de consommation familiale, les publicités, les affiches, les livres qu'il a entre les mains. Son cerveau a déjà travaillé pour tenter de comprendre et il a établi par lui-même des correspondances entre graphèmes et phonèmes. Peut-être a-t-il réussi cet exercice difficile. Dans ce cas il n'aura pas de problèmes et fera partie de ceux qui apprennent à lire sans peine et parfois sans aide. Mais ceux qui éprouvent les difficultés précédemment citées entreront à l'école déjà perturbés par de nombreuses confusions bien ancrées dans leurs neurones. Pour appliquer la célèbre maxime *primum non nocere*, la priorité absolue devrait être de leur permettre de corriger les erreurs déjà commises et de tout mettre en œuvre pour ne pas en générer de nouvelles. Or, la démarche pédagogique actuelle se situe à l'opposé de cette préoccupation et l'on peut affirmer, sans crainte de se tromper, que l'apprentissage de l'écrit, va encore se dégrader. Il commence maintenant de manière systématique en grande section de maternelle par une sensibilisation de nature totalement globale. On doit donc s'attendre à une augmentation du pourcentage d'élèves en échec dans les années à venir.

Enfin, à une époque où la psychologie est reine, comment ne pas évoquer le drame de ces enfants qui veulent bien faire et sont incapables d'y parvenir ? Pour illustrer ce fait je citerai le cas de ce petit garçon de CP qui ne réussissait pas à lire et que ses parents entendaient la nuit répéter par cœur dans son sommeil les phrases de son livre « Ratus est un rat, Belo est un chat ». Puis il s'éveillait brusquement et s'effondrait en larmes en disant « je n'y arriverai jamais ! ». Il n'est, hélas, pas seul dans ce cas. Des quantités d'enfants en échec vivent lors de l'apprentissage de la lecture un cauchemar dont l'adulte n'a pas conscience. Faudra-t-il s'étonner, dans ces conditions, qu'ils refusent la classe et le travail scolaire, qu'ils deviennent agressifs ou somatisent leur angoisse ? C'est devant ces situations qu'il faut impérativement savoir faire la différence entre les enfants perturbés par leur échec et ceux, beaucoup moins nombreux, que leurs difficultés psychoaffectives empêchent de réussir si l'on veut pouvoir proposer à chacun une solution efficace pour résorber son handicap.

Mais, fait beaucoup plus grave encore, les conséquences de cette méconnaissance totale des exigences de la neurobiologie cérébrale débordent largement le problème de l'échec en lecture. En effet, nous savons que non seulement l'apprentissage met en place des circuits cérébraux qui vont se connecter sous l'influence de ce qui leur est proposé mais qu'il détermine aussi la surface des aires corticales concernées, influe sur la spécialisation de leurs neurones et le nombre des connexions qui les unissent. L'apprentissage, l'entraînement à certains types d'opérations intellectuelles, modifie donc l'anatomie du cerveau.

Deux exemples suffisent à le prouver.

1. Des études faites sur le cerveau des dyslexiques montrent que le corps calleux (partie centrale du cerveau par laquelle passent tous les circuits cérébraux qui relient les deux hémisphères) change de forme et de taille après rééducation !

2. Les travaux menés sur l'observation en IRMF de cerveaux de violonistes virtuoses montrent que chez eux, la zone qui correspond à la motricité de la main gauche augmente de manière considérable au fil du temps mais que cette augmentation de taille est beaucoup plus marquée chez les artistes qui ont débuté le violon avant l'âge de 5 ans que chez les autres.

Ainsi, la manière dont on opère pour effectuer un apprentissage, l'âge auquel on le débute, a des répercussions visibles anatomiquement sur le cerveau. Plus un cerveau est jeune, plus il est sensible aux influences auxquelles il est soumis car les neurones ont cette propriété d'orienter leur spécialisation d'action en fonction des stimulations qu'ils reçoivent. Cette possibilité existe à tout âge mais diminue au fil du temps.

En matière de langage, certains cerveaux sont de manière structurelle, plus aptes que d'autres à établir des circuits performants. Ceci est dû à la disposition des neurones dans le cortex cérébral. Celle-ci est elle-même sous le contrôle de la génétique par l'intermédiaire de phénomènes biochimiques essentiellement hormonaux qui déterminent la mise en place des neurones chez l'embryon. Une architecture désorganisée, avec des travées de neurones mal alignés rendra plus difficiles la mise en place des connexions à l'intérieur des circuits du langage. Cette anarchie neuronale constitue une des grandes causes de la dyslexie. Beaucoup d'enfants, parfaitement normaux, éprouvent plus de mal que d'autres à établir le lien entre le graphisme et le son. Il y a tout lieu de croire qu'ils sont porteurs d'un certain degré de désorganisation cellulaire dans leur cortex cérébral. Ce ne sont pas pour autant de vrais dyslexiques mais des enfants qui risquent de le devenir si on ne leur facilite pas la tâche dans le domaine de l'association du graphisme avec le son. Mon travail personnel m'incite à penser que ces faux dyslexiques, créés de toute pièce par la pédagogie, représentent actuellement plus de la moitié des élèves en échec face à la lecture. Chez eux, l'utilisation d'une méthode d'apprentissage qui ne limite pas au maximum les risques d'erreurs dans le découpage phonologique de la langue et l'association du graphisme et du son est une faute majeure qui retentira sur tout leur avenir scolaire. Certes, aucune méthode ne remettra d'ordre dans leur chaos neuronal mais il est possible, par des pédagogies adaptées, de les aider à mettre en place des circuits plus performants et de leur permettre de sélectionner leurs neurones les plus efficaces pour optimiser leurs résultats.

Par contre, si on ne réussit pas à faciliter le « câblage cérébral » et que s'installent des confusions, il sera alors beaucoup plus long et beaucoup plus difficile de rétablir des connexions efficaces. Il faudra parfois des années de travail difficile et ardu pour effacer les traces des erreurs initiales.

Un bon choix pédagogique est d'autant plus impératif que le désordre neuronal n'est pas préjudiciable qu'à la seule lecture. L'imbrication des circuits cérébraux est telle que les connexions établies pour le langage interviennent à d'autres niveaux. Les facultés d'abstraction d'un sujet sont très liées à ses capacités linguistiques et il a été démontré que l'acquisition d'une bonne maîtrise de la parole et de l'écrit avait une influence directe et mesurable sur les capacités intellectuelles d'un sujet. J'ai pu le constater, à mon niveau, auprès de nombreux élèves qu'il m'a été possible de suivre sur plusieurs années et tout particulièrement chez des enfants d'intelligence inférieure à la moyenne qui ont pu, grâce à des méthodes d'apprentissage stimulantes, gagner jusqu'à dix ou quinze points, parfois plus, de quotient intellectuel. Des études américaines réalisées sur un très grand nombre de cas explicitent clairement ce fait et montrent que la maîtrise du langage écrit et le développement de l'intelligence sont étroitement liés.

Ainsi, chers parents, c'est au moment où votre enfant dispose de ses plus grandes potentialités d'adaptation intellectuelle que vous allez le confier à l'école dont l'action aura des conséquences directes sur le développement, la structure de ses aires cérébrales, l'établissement des connexions qui les relient et sur l'évolution de son intelligence.

Lorsque désormais on vous soutiendra que tous les choix pédagogiques se valent et que seule compte la manière dont une méthode est appliquée, serez-vous prêts à croire une telle affirmation ? Évidemment non ! Et devant tant d'aberrations vous ne pouvez que vous interroger sur les raisons qui sous-tendent de tels choix pédagogiques. Il faut donc que vous ayez connaissance des déclarations de ceux qui furent, durant les trente dernières années, les promoteurs de ces méthodes. Elles apportent d'importants éléments de réponse.

Le grand « penseur » de l'Éducation nationale qu'est Jean Foucambert interrogé en février 1981 dans le *Nouvel Observateur*, affirmait avec conviction :

« En ce moment, nous mesurons la façon dont un enfant du cours préparatoire utilise son temps et nous nous rendons compte que plus le maître lui enseigne la lecture, moins il a le temps de lire, plus le maître lui enseigne la parole, moins il parle, plus le maître lui enseigne les mathématiques, moins il compte. Bien sûr, je caricature, il faudrait nuancer. Mais enfin, plus l'école enseigne, moins l'enfant apprend. Alors, arrêtons d'enseigner la lecture aux enfants et aidons-les à lire ».

Dans une conférence pédagogique* le même J. Foucambert, alors chargé de recherche à l'Institut national de la recherche pédagogique (INRP) déclarait : « Le problème de la lecture, c'est que l'école ne connaît que l'alphabétisation : ce que l'on demande à l'école c'est d'abandonner ce qu'elle sait faire au niveau de l'apprentissage scolaire pour inventer un rôle d'aide à l'apprentissage social de l'écrit ». Et plus loin : « Le lecteur, à chaque fois embrasse du sens. Toutes les recherches faites à l'heure actuelle ont tendance à prouver que ce sens est presque indépendant des mots qui le composent, c'est-à-dire que ce que l'on voit, c'est vraiment du sens et pas des mots ». Le même auteur ajoutait encore : « Un enfant, c'est quelqu'un qui n'a jamais de difficultés techniques. Si un enfant n'arrive pas à parler, ce n'est pas parce qu'il a des problèmes techniques, à quelques très rares exceptions près, c'est parce qu'il a des problèmes de relation ou d'implication dans le milieu dans lequel il vit (...). La difficulté qu'un enfant a par rapport à l'écrit ne provient pas d'un manque de technique mais de ce qu'il ne vit pas les situations sociales dans lesquelles il a vraiment besoin de l'écrit ».

On comprend quelles catastrophes de telles affirmations

basées sur des hypothèses qu'il était impossible de valider et dont nous pouvons aujourd'hui montrer le caractère totalement erroné, peuvent engendrer. Or, elles sont cependant encore admises comme des vérités tout simplement parce qu'elles sont énoncées avec conviction et émanent de personnalités éminentes de la recherche pédagogique.

Plus inquiétantes encore sont les déclarations de J. Foucambert sur les raisons qui amenèrent l'école à choisir jadis les méthodes alphabétiques. Selon lui, ces pédagogies conduisent uniquement à l'alphabétisation qu'il oppose à la lecturisation qui, seule, permet l'accès au sens ! Je citerai à nouveau le texte de 1984.

« Comme il y a 100 ans, on ne voulait pas payer trop cher pour rendre les gens lecteurs, on a choisi le système alphabétique (il demande un an au lieu de 8 à 10 ans). Si on avait voulu faire supporter le coût de la lecturisation au système social, il n'aurait pas pu faire en même temps l'effort minimum d'équipement industriel. Il a donc fait l'effort minimum d'équipement humain, celui de l'alphabétisation. Si la bourgeoisie avait fait en sorte que les ouvriers soient tous d'excellents lecteurs, s'ils pouvaient lire entièrement toute la presse et tous les ouvrages, la vie démocratique serait sûrement différente de celle que l'on connaît (...). Le problème qui se pose, c'est de savoir si, à cette ère d'alphabétisation, les rencontres avec l'écrit ne seront pas le fait d'une minorité (...) ou s'il va y avoir une sorte de combat politique parce que la classe qui avait intérêt autrefois à alphabétiser les milieux populaires n'a pas forcément intérêt aujourd'hui à les lecturiser. La revendication de la lecturisation est une revendication politique ».

Vous apprécierez sans nul doute la valeur scientifique de telles affirmations qui émanent d'un « chercheur » de l'Éducation nationale.

J. Foucambert fit de nombreux émules parmi lesquels certains ont tenu, ou tiennent encore, en mains les rênes de la décision dans l'Éducation nationale ou influent sur des personnalités clé du système éducatif. Je pense d'abord à Mme Charmeux dont on peut lire de nombreux écrits et qui, récemment encore, faisait entendre sur les ondes ses déclarations fracassantes. Cette conseillère pédagogique dont le rôle fut capital dans les deux dernières décennies en matière de formation des maîtres affirmait elle aussi en 1984 : « Mettre sur pied une pédagogie efficace de l'écrit ce n'est plus seulement un problème pédagogique, c'est aussi un problème politique et social ».

Les auteurs de ces déclarations ont réussi à convaincre la majorité du corps enseignant et en particulier l'inspection générale du bien fondé de leurs affirmations. À partir de ce moment le postulat, devenu dogme, s'est imposé à tous comme la vérité révélée.

Personnellement je refuse d'entrer dans ce débat où l'idéologie tient lieu de connaissance. Mon seul but est de montrer que les égarements de la pédagogie, quelles qu'en soient les motivations, constituent un danger majeur pour les élèves et condamnent irrémédiablement à l'échec ces 50 % d'enfants qui ne peuvent s'adapter à des méthodes d'apprentissage de la lecture contre nature. Cette situation est d'autant plus dramatique qu'elle touche plus lourdement encore les enfants défavorisés socialement qui ne peuvent compter que sur l'école pour acquérir un savoir.

Si les années ont passé depuis les déclarations des auteurs susnommés, on constate qu'aujourd'hui les nouveaux conseillers du ministère en matière de recherche sont des hommes et des femmes qui appliquent la même démarche intellectuelle que leurs prédécesseurs et ne cherchent aucunement à vérifier si leurs affirmations sont exactes ou erronées.

Je pense, à ce propos à Monsieur Alain Bentolila, éminent professeur de linguistique à la Sorbonne, qui anime pratiquement tous les groupes de travail officiels sur l'illettrisme. Alors qu'il présente une analyse lucide des faits en matière d'échec et montre clairement le rôle que jouent les graphèmes et phonèmes dans la lecture, il affirme pourtant sans hésiter que « l'illettrisme est un dysfonctionnement d'ordre culturel et social » et ajoute « Ce n'est pas dans le cerveau des illettrés que l'on découvrira les causes de leur handicap, c'est plutôt dans un parcours d'apprentissage privé de réelle médiation, un parcours ponctué d'attentes déçues et de questions restées sans réponses : un parcours qui débouche sur un malentendu fondamental avec la langue et avec les autres »... « Le sens est perçu à partir de quelques mots compris. Ceci présuppose que la lecture est globale ».

On croit rêver ! Présupposer n'est pas prouver. De tels propos ne s'apparentent évidemment en rien avec la démarche scientifique et restent des affirmations purement gratuites, sans fondements et sans valeur. Ils font pourtant autorité. Comme l'écrivait si justement Maurice Allais, prix Nobel d'économie : « Le principe fondamental d'une démarche scientifique, c'est celui de la prédominance absolue des faits sur les analyses théoriques » et « la soumission aux données de l'expérience est la règle d'or qui domine toute discipline scientifique. Cette règle est la même pour toutes les sciences. Une théorie, quelle qu'elle soit, ne peut être admise que si elle est vérifiée par toutes les données de l'expérience ».

Un univers sépare en effet les convictions de la réalité scientifique : c'est celui de l'observation des faits et de l'expérimentation. Les deux ne se rejoignent que lorsque cette dernière vient confirmer les hypothèses de travail. La psychosociologie fournit des tentatives d'explication des comportements de l'homme en tant qu'individu et être social en partant de leur observation mais n'obéit pas aux exigences de la preuve scientifique.

Comme le disait F. Crick, il s'agit là de mode d'approche complémentaire. Pourtant le pas qui la fit assimiler à la science fut vite franchi. François Lurcat, physicien, et Liliane Lurcat, psychologue, qui fut directeur de recherche au

CNRS* ont bien exprimé cette confusion qui parasite si souvent la réflexion contemporaine : « En quelques décennies, la vieille conception – une science est un système cohérent de vérités – a été tout doucement mise au rancart. La nouvelle conception s'est imposée aussi discrètement : la science n'est rien d'autre qu'un phénomène culturel. (...) Le foisonnement de social-sciences dépourvues de fondement est un trait de notre époque qui pèse d'un poids écrasant sur la vie – d'autant plus qu'il est ignoré ».

Si la science est « un phénomène culturel », tout devient évidemment possible. Il est inutile de s'embarrasser d'expérimentations et de preuves. Le scientisme se substitue alors à la vérité scientifique qui n'existe plus en elle-même mais devient une valeur relative qui dépend du système social qui la génère. Chacun peut alors apporter sa vérité sans avoir à se soucier de l'exactitude de ce qu'il affirme.

Dans cette approche, il devient inutile de comprendre comment opère un cerveau qui lit. Seul compte le comportement du lecteur face à la lecture. Peut-être cette nouvelle conception de la connaissance explique-t-elle le désintérêt total des pédagogues pour les découvertes neurologiques qui entourent cette question.

En matière d'apprentissage de la lecture, les théories avancées par ceux qui disposent du pouvoir intellectuel dans l'Éducation nationale n'ont jamais reçu de confirmation expérimentale, ce qui ne nous surprend pas puisque nous savons qu'elles sont fausses ! Elles n'en constituent pas moins des « vérités » incontestées.

Maurice Allais écrit aussi : « En fait, plus les idées dominantes sont répandues, plus elles se trouvent en quelque sorte enracinées dans la psychologie des hommes. Si erronées qu'elles puissent être, elles finissent par acquérir, par leur simple et incessante répétition, le caractère de 'vérités établies' qu'on ne saurait mettre en doute sans s'opposer à l'ostracisme actif des *establishments* ». Parlant de la fraude scientifique il ajoute : « Mais il y a une autre forme de fraude, bien plus insidieuse et plus dangereuse encore, rarement dénoncée, celle qui consiste, pour les milieux autorisés, à occulter délibérément les faits susceptibles de mettre en cause les 'vérités établies' et à s'opposer à leur publication ».

Il est vrai, que de tout temps le dogmatisme a fait obstacle à la diffusion de données susceptibles de contredire les croyances profondément ancrées dans les esprits. L'histoire fourmille d'exemples en ce domaine et notre époque, avec la multiplication des sources d'informations et la vulgarisation des connaissances, n'échappe pas au piège de l'obscurantisme. Alors que les découvertes scientifiques bousculent le quotidien de chacun d'entre nous, on constate qu'il existe des domaines où elles ne peuvent pénétrer. Les mystères du fonctionnement cérébral semblent être de ceux-là. Tout se passe comme si nos contemporains refusaient d'admettre la place que tient le cerveau dans le comportement de l'homme.

Pourtant chacun sait qu'aucune connaissance, aucune acquisition ne peut se faire sans l'intervention de cet organe qui sert d'interface entre l'homme et le monde qui l'entoure.

Mais, pour reprendre l'exemple très significatif du sport, s'il est couramment admis que l'entraînement a des répercussions physiques sur l'organisme, lorsqu'il s'agit d'activités de type intellectuel le rôle de l'organicité est ignoré. L'approche de type « boîte noire » exclut toutes les autres. Seuls les psychologues, linguistes et sociologues sont entendus sur cette question et jouissent, dans le domaine de la pensée, d'un monopole absolu. Les manifestations de l'esprit sont, par définition désincarnées mais, qu'on le veuille ou non, la pensée s'élabore dans le cerveau. Elle naît de la matière. Il n'entre pas ici dans mon propos de disserter sur les liens qui unissent cette dernière à l'esprit.

Disons simplement que ce vaste débat qui n'appartenait jusqu'alors qu'aux philosophes, doit intégrer désormais les connaissances issues des mathématiques, de la physique, des neurosciences. Déjà Aristote* avait compris que ce qu'il appelait « l'âme » se construisait dans un organe dont elle était dépendante. Ne disposant pas à cette époque des connaissances suffisantes il ne pouvait la rattacher au cerveau mais il avait eu, à ce propos, une de ces intuitions prophétiques dont seuls sont capables quelques devanciers d'exception.

Quelles que soient les conceptions religieuses ou philosophiques de chacun face à cette question, force est de constater que la pensée, génératrice de la réflexion et des comportements, se construit dans le cerveau de l'homme et se matérialise, si l'on peut utiliser ce terme pour une entité abstraite, par des phénomènes électriques et biochimiques dont on connaît chaque jour un peu plus la nature.

À titre d'exemple, rappelons que les médiateurs chimiques qui agissent au niveau de la synapse (espace infiniment petit qui se situe entre les terminaisons des cellules nerveuses) peuvent modifier le psychisme. L'existence de ces substances biochimiques permet de comprendre qu'il existe des liens étroits entre les phénomènes organiques et psychiques et l'évolution des connaissances montre clairement qu'il n'est plus possible aujourd'hui de séparer l'étude des comportements de celle de l'organe qui les produit.

Refuser de comprendre la place que tient le cerveau dans les apprentissages est aussi absurde que de nier celui du cœur dans la circulation sanguine. Proposer une pédagogie en ignorant les exigences du fonctionnement des circuits cérébraux est tout aussi aberrant que de soigner une maladie sans savoir ce qui la cause ou administrer un médicament sans connaître ses effets.

Dans cette approche aveugle de la pédagogie, la probabilité de proposer une démarche pertinente est faible surtout si l'on refuse de faire appel au bon sens. Par contre, la complexité des phénomènes mis en jeu multiplie le risque de créer des perturbations et de limiter ses performances. Une telle attitude a aussi pour effet de laisser le chemin libre à l'arbitraire en élaborant des théories sur des hypothèses sans preuves. C'est ainsi que dans le domaine de la lecture se sont développées et continuent de s'imposer aux maîtres des modes d'apprentissage basés uniquement sur l'idée que leurs concepteurs se font de la lecture et non pas sur ce qu'est réellement la lecture. Il ne faut pas s'étonner dans ces conditions d'observer les résultats que nous connaissons dont les conséquences ne se font pas seulement sentir au niveau de l'écrit mais aussi sur l'ensemble du développement intellectuel.

Devant une telle situation, on peut se demander si l'Éducation nationale et ses « chercheurs » officiels sont animés d'une volonté réelle d'imposer des théories au mépris de la vérité où s'ils vivent dans un univers hermétiquement clos que ne peuvent pénétrer les connaissances de leur époque ? Dans le rapport précité les inspecteurs généraux constatent que la plupart des « maîtres du cours préparatoire semblent préoccupés par le souci constant de s'informer des derniers travaux couvrant leur champ professionnel » et que « leur interrogation porte essentiellement sur l'équilibre mais surtout l'articulation entre les activités de décodage et celles conduisant au sens ». Pourquoi ne pas leur apporter les réponses à leurs interrogations ? Il serait simple de lever leurs doutes en s'appuyant sur les éléments issus des connaissances contemporaines. Pourtant, quatre ans après cette déclaration, rien n'a bougé et aucune remise en cause des idées reçues n'est envisagée. Il m'est possible d'apporter un témoignage significatif de l'état d'esprit qui anime certains hauts responsables de l'Éducation nationale. Je relaterai ici une situation que j'ai vécue il y a quelques années. Après avoir assisté, sans mot dire, à un exposé sur les causes présumées de l'échec en lecture où n'étaient mentionnées, comme d'habitude, que des raisons d'ordre psychosocial, j'exposais brièvement à une assemblée composée presque exclusivement d'enseignants les conclusions de la recherche récente et les conséquences qu'il serait opportun d'en tirer sur le plan pédagogique. Le directeur des écoles du moment, responsable ministériel de tout l'enseignement primaire, dont je tairai le nom, me répondit ceci : « Docteur, ce que vous dites est sans doute très intéressant mais les enseignants n'en ont strictement rien à faire ». Je vous laisse imaginer la stupéfaction de la salle qui découvrit à la fois que les neurosciences pouvaient apporter des informations importantes aux pédagogues mais aussi que leur hiérarchie jugeait inutile de leur transmettre ces connaissances. Les auditeurs firent clairement savoir qu'ils souhaitaient être largement documentés sur ces questions. Le débat fut alors clos sèchement et nos enseignants restèrent sur leur faim. Aucune suite ne fut donnée à leur demande.

Ceux qui doutent sont donc contraints de tenter d'acquérir des informations par leurs propres moyens. Il existe en effet des maîtres qui constatent l'échec de l'école et s'interrogent sur la qualité de leur démarche pédagogique. Leur bon sens les conduit à penser que les pédagogies utilisées peuvent avoir une part de responsabilité dans les difficultés que présentent leurs élèves. Certes, un grand nombre d'entre eux appliquent sans discuter les méthodes que leurs inspecteurs préconisent. Mais beaucoup souhaiteraient pouvoir disposer d'une véritable liberté pour mettre en œuvre d'autres pédagogies et comparer les résultats obtenus. Ce serait une grande injustice que de déclarer qu'il n'existe pas de réactions au sein de l'école elle-même. Par contre, il serait naïf de croire qu'elles peuvent entraîner un changement. Les velléités en ce domaine sont pratiquement toujours étouffées dans l'œuf par le groupe majoritaire qui pèse lourdement sur les individualités.

En théorie, chaque enseignant est libre de sa pédagogie. Le directeur d'établissement n'ayant aucun pouvoir pédagogique sur ses maîtres, chacun d'eux peut organiser ses cours comme il l'entend. Mais dans les faits, ce libre choix n'est laissé aux maîtres que dans de très rares cas. En réalité, comme le dit le rapport de l'inspection générale, les impulsions pédagogiques viennent des inspecteurs de circonscription et de leurs conseillers pédagogiques. Peu nombreux sont ceux qui jugent sur les résultats. La liberté du maître se borne donc le plus souvent au droit d'appliquer les méthodes officiellement conseillées d'une façon personnalisée. Toute tentative d'abandon des pédagogies nouvelles est source de conflits parce qu'elle heurte les idées reçues et engendre des réactions d'agressivité. Combien de fois des enseignants découragés m'ont apporté le témoignage de l'insupportable pression qu'ils vivaient parce qu'ils tentaient d'utiliser une méthode de type alphabétique ! Leurs collègues les marginalisaient, les harcelaient de sarcasmes, allant jusqu'à les exclure du groupe pour les obliger à rentrer dans le rang. Leurs directeurs multipliaient les obstacles matériels pour les faire renoncer. Combien de fois aussi, ces enseignants se sont heurtés aux froids reproches de leurs inspecteurs manifestant parfois leur étonnement et souvent leur réprobation de voir utiliser, à notre époque, des méthodes d'un autre âge qui devaient, selon eux, être réservées aux enfants déficients mentaux ! En général, l'inspection se termine par un rappel à l'ordre et un rapport négatif avec baisse de la note pédagogique afin de décourager toute initiative non conforme à la « norme ». Ne peuvent persévérer dans leur choix que quelques très rares enseignants assez sûrs d'eux pour être insensibles aux pressions de l'environnement et suffisamment avancés dans leur carrière pour pouvoir prendre le risque d'une inspection défavorable. Je pourrais, en ce domaine, citer de nombreux exemples vécus. Je ne les relaterai pas ici par discrétion vis-à-vis de ceux qui furent victimes de ce terrorisme intellectuel et de la tyrannie du « pédagogiquement correct ». Et ne croyez pas, chers parents, que les maîtres échappent à la pression en exerçant dans l'enseignement privé ! L'enseignement privé sous contrat d'association dépend des mêmes inspecteurs et est soumis aux mêmes règles pédagogiques que l'enseignement public. On y retrouve donc les mêmes problèmes, pour les mêmes raisons. Seuls conservent une liberté d'action quelques établissements prestigieux qui ont les moyens d'imposer leurs points de vue ou des écoles hors contrat, totalement indépendantes mais très coûteuses et peu nombreuses qui utilisent la plupart du temps des méthodes alphabétiques dites « traditionnelles », adjectif qui suffit à les considérer comme dangereuses pour le développement psychologique de l'enfant.

Sans doute, vous demandez-vous si cet état d'esprit est typiquement français ou s'il est largement partagé.

Hélas, la France n'a pas l'exclusivité de cette attitude. On retrouve des comportements du même type dans de nombreux pays. Comme l'écrivent F. et L. Lurcat : « C'est la social-scientificité, dont la prédominance est un trait commun des sociétés industrielles modernes, qui réussit à imposer ses conséquences absurdes ».

Le scientisme dont nous sommes victimes a frappé partout et l'on peut constater qu'aux États Unis, nation qui a produit le plus grand nombre de travaux sur le fonctionnement du cerveau dans le domaine de la lecture et a mis en place des études très coûteuses dans le cadre d'un programme considéré comme une priorité de santé publique, les conclusions des chercheurs restent, comme chez nous, totalement inutilisées*. Il est également intéressant de rappeler que, dans ce même pays, un professeur doit posséder un diplôme de « sciences de l'éducation » et non de compétences prouvées dans la matière qu'il enseigne ! Par contre, si la science est ignorée, le pragmatisme dont les Américains font preuve conduit parfois à des sursauts encourageants comme ce fut le cas dans l'État de Californie.

L'usage de la méthode globale nommée *whole language* fut généralisé en Californie en 1980. Une évaluation des résultats douze ans plus tard montra que cet état arrivait alors en dernière position du classement des États de l'Union*. Le législateur recommanda alors d'abandonner cette méthode et de revenir aux apprentissages alphabétiques. Quand verrons-nous l'Éducation nationale imiter cette décision ?

Maintenant, chers parents, la connaissance de ces faits et la réflexion que vous pouvez mener sur ces réalités préoccupantes ne doivent pas vous conduire au découragement mais à l'action. Vous devez tout mettre en œuvre pour que votre enfant n'entre pas dans le groupe des illettrés.

IV

Les solutions pour lutter contre l'illettrisme

Quelle que soit la situation dans laquelle vous vous trouvez, sachez qu'il n'y a pas de problèmes sans solutions.

Je ne m'attarderai pas sur les psychothérapies. J'ai dit précédemment qu'elles ne sont utiles, et donc efficaces, que dans un nombre limité de cas, lorsque l'indication en est bien posée.

La « psychomotricité » qui fait travailler, comme son nom l'indique, le système moteur, et tout particulièrement la latéralisation, peut trouver sa place dans l'aide à apporter aux enfants en difficulté vis-à-vis du langage écrit mais elle est encore peu développée. Le moyen médicalisé le plus fréquemment prescrit, avec la psychothérapie, est, sans conteste, l'orthophonie.

L'orthophonie

Cette rééducation donne le plus souvent de bons résultats,

surtout si elle est appliquée précocement. Le rôle de l'orthophoniste est d'aider l'enfant à bien discriminer les sons qu'il entend et à les reproduire oralement et par écrit. S'il existe des troubles du langage oral, ceux-ci doivent être dépistés et traités le plus tôt possible. On parle de retard dans le domaine de la parole lorsqu'un enfant de trois ans ne parle pas ou s'exprime de manière incompréhensible pour toute personne qui n'appartient pas à son entourage immédiat ou déforme un très grand nombre de mots. S'il s'agit d'un trouble léger il suffit de ralentir le rythme de la parole, de bien prononcer les phonèmes et de faire répéter les mots mal prononcés. On obtient ainsi une correction rapide des anomalies. Par contre, s'il s'agit d'un futur dyslexique, les perturbations résisteront à ces mesures simples. Il faudra, dans ce cas, faire appel à l'orthophoniste pour tenter de résorber le mieux possible les difficultés avant le début de l'apprentissage de l'écrit pour ne pas le compromettre.

L'orthophoniste est souvent contacté plus tardivement pour faciliter aux enfants en difficulté l'acquisition de la lecture, de l'écriture, de l'orthographe et parfois du calcul. Les rééducations du langage écrit utilisent presque toujours des techniques alphabétiques et font porter l'essentiel de l'effort sur la mise en place du lien graphisme et son. Elles travaillent aussi la latéralisation. Il faut savoir cependant que certains orthophonistes reçoivent désormais une formation dans laquelle le rôle de la technique est réduit au profit de l'approche psychoaffective du trouble linguistique. Le traitement dispensé est alors beaucoup plus proche de la psychothérapie que de l'orthophonie. Il est donc important que les parents s'informent sur les moyens mis en œuvre par l'orthophoniste auquel ils souhaitent confier leur enfant afin de pouvoir prendre leur décision en toute connaissance de cause.

Une rééducation orthophonique s'inscrit dans la durée car le praticien qui prendra l'enfant une demi-heure ou au maximum une heure par semaine, ne pourra pas, dans un temps aussi limité, établir rapidement des circuits cérébraux performants, surtout si les perturbations diagnostiquées sont déjà anciennes.

La profession d'orthophoniste est en plein essor. Il faut bien reconnaître que son succès est directement proportionnel aux échecs de l'école. Alors que l'orthophoniste ne devrait prendre en charge que les cas liés à des anomalies de nature médicale, il constitue, comme le psychothérapeute, le recours proposé systématiquement en cas d'échec scolaire. Il n'est pas inutile de rappeler que le budget de l'Éducation nationale absorbe à peu près la totalité des recettes de l'impôt sur le revenu. L'orthophonie comme la psychothérapie – qui coûte encore beaucoup plus cher – est remboursée par la Sécurité sociale, déplacements compris dans de nombreux cas. Ainsi chaque contribuable paye des impôts à la fois pour financer l'école – qui va faire d'un enfant sur deux un illettré – et d'autre part pour renflouer ce fameux « trou » que la Sécurité sociale cherche désespérément à combler. Madame S. Royale qui veut remettre en cause les évaluations scolaires en raison, dit-elle, de leurs dérives d'interprétation et de leurs coûts, devrait bien chercher à savoir à combien reviennent les diverses thérapeutiques mises en œuvre pour tenter de sauver les exclus de la lecture. Cette estimation instructive pourrait peut-être l'intéresser ainsi que certains de ses collègues dans différents ministères.

Le rôle des parents

Quant à vous, que pouvez-vous faire, personnellement, pour aider votre enfant ?

La réponse à cette question est d'autant plus difficile que vous entendez souvent dire que les parents ne doivent pas se substituer aux enseignants, qu'il ne faut pas confondre les rôles et que votre intervention dans la vie scolaire de votre enfant constitue pour lui un danger. Combien de familles d'enfants en difficulté ont reçu le conseil de ne pas les aider et de les laisser libres d'agir afin qu'ils parviennent à se prendre en charge ! Ce discours qui se répand de plus en plus a de quoi vous dérouter. Certes vous ne devez pas assister votre enfant. Une véritable éducation doit conduire progressivement à l'autonomie en confiant à l'enfant des responsabilités en rapport avec son âge et ses possibilités. Mais devez-vous pour autant l'abandonner à ses problèmes ? Si vous faites partie des parents responsables qui considèrent être les éducateurs privilégiés de leur enfant, sans doute au contraire pensez-vous qu'il est de votre devoir, en particulier lorsqu'il est en échec, de tout mettre en œuvre pour lui fournir une aide efficace. Vous êtes de plus en plus nombreux à penser que si l'école n'est pas en mesure de résoudre les problèmes auxquels vous êtes confrontés, vous devez intervenir vous-mêmes. Vous savez qu'une attitude de passivité de votre part équivaut à une condamnation définitive à l'échec. Votre mission de parents n'est pas de baisser les bras et d'attendre de l'extérieur on ne sait quel miracle mais d'agir pour donner à votre enfant un maximum de chances de réussite. Vous faites partie de ceux qui croient en la famille et qui savent qu'elle représente l'unité sociale de base la mieux adaptée au développement de l'enfant. Si l'école est déficiente, vous avez l'obligation de compenser ses carences. Certes, le problème que vous devez résoudre est complexe mais il n'est pas insoluble. Il demande du bon sens, de la sérénité et la ferme volonté d'apporter une aide à l'enfant en respectant sa personnalité, ses possibilités et son rythme de travail. Cependant, vous pensez que vous n'avez pas les compétences suffisantes pour lui apprendre à lire. De plus, les conflits permanents qui surgissent entre vous au sujet de l'école rendent difficile toute initiative en ce domaine. Comment pourrez-vous, en effet, faire comprendre à cet être qui sait user de toutes les ressources de son imagination fertile pour vous conduire en moins de cinq minutes au bord de la crise de nerfs, que vous tenez la solution entre vos mains ?

Et puis, quelle est cette solution ? Il y a bien la méthode Boscher avec laquelle vous avez peut-être vous-même appris à lire. Si vos propres parents l'ont conservée, vous pouvez la ressortir des tiroirs. Vous la trouverez aussi en librairie. Sa récente réédition montre l'importance de l'attente des familles en ce domaine. Cette méthode a permis d'apprendre à lire à des quantités d'enfants. Étant strictement alphabétique, elle a l'avantage de faire clairement apparaître le lien entre le graphisme et le son. Mais est-ce suffisant ?

Les méthodes alphabétiques

L'étude des méthodes alphabétiques proposées sur le marché du livre scolaire permet de formuler à leur propos quelques remarques

1. Si elles respectent la priorité de l'établissement du lien existant entre son et graphisme, elles restent cependant très en deçà de ce que l'on peut proposer aujourd'hui pour optimiser le travail du cerveau. Ceci se comprend facilement puisqu'au moment où elles ont été crées, leurs auteurs ne disposaient pas des connaissances dont nous bénéficions. Pourtant Maria Montessori, très en avance sur son époque, avait déjà pressenti le rôle que jouait le toucher dans l'apprentissage de l'écrit et sa célèbre méthode qui mobilise ce sens pour apprendre la forme des lettres trouve dans les découvertes contemporaines l'explication de son efficacité. Nous savons en effet que lorsqu'un aveugle lit en braille, non seulement les aires cérébrales correspondant au toucher s'activent en IRMF mais aussi celles, fait beaucoup plus troublant, qui correspondent à la vision ! Si le toucher permet de voir la forme des lettres, on comprend l'intérêt que peut revêtir son usage dans l'apprentissage des graphèmes.

D'autres pédagogies ont également introduit des éléments de stimulation sensorielle qui facilitent l'apprentissage, telle la méthode « Jean qui rit » qui utilise le geste et le chant mais, d'une façon générale, elles ne s'appuient que sur un ou deux aspects d'un ensemble sensoriel qu'il est souhaitable d'utiliser le plus complètement possible. L'importance de la discrimination auditive, de la reconnaissance des formes et de l'orientation spatiale nécessitent l'introduction de procédés pédagogiques variés mobilisant tout l'appareil sensori-moteur pour faciliter ces opérations intellectuelles et optimiser la mise en place du lien du graphisme et du son. Cette étape du travail est d'autant plus indispensable que l'enfant est plus jeune ou plus prédisposé aux confusions et aux erreurs. Ce besoin est maximum, bien évidemment, chez les dyslexiques.

2. Il n'existe pas en lecture de livre du maître fournissant des indications précises aux parents pour les guider dans leur rôle pédagogique. Ceux-ci restent donc démunis, livrés à leurs intuitions pour accomplir cet enseignement difficile alors qu'il existe des pratiques qu'ils pourraient facilement utiliser pour optimiser leur action. De nombreuses erreurs, lourdes de conséquences, peuvent donc être commises dont voici un exemple. Comment faut-il prononcer les lettres ? Faut-il leur donner le nom de l'alphabet ou les énoncer sous forme du son qu'elles représentent ? Prenons la lettre « b ». Si on l'apprend en utilisant le nom qu'elle porte dans l'alphabet (« bé ») comment faire comprendre que b+a se prononce « ba » et non « béa » ?

3. Il est indispensable de respecter dans l'apprentissage une progression rigoureuse faite de telle sorte que jamais l'enfant ne rencontre de graphèmes ou de combinaisons de lettres inconnus en dehors de ce qu'il étudie. Ceci ne veut pas dire qu'il faille lui proposer d'insipides listes de syllabes et de mots. Il est vrai que d'une manière générale les manuels de lecture alphabétique permettent l'apprentissage des règles de la combinaison des lettres entre elles mais ne laissent que peu de place au texte. Or, s'il est contre nature, nous avons vu pourquoi, de présenter des textes pour découvrir le code de la langue, il est insuffisant d'apprendre à lire des syllabes

ou des mots isolés pour maîtriser la lecture. Vouloir opposer les méthodes dites « rénovées » qui seraient porteuses de sens aux méthodes alphabétiques qui en seraient dépourvues est une absurdité. On peut parfaitement respecter des critères d'apprentissage rigoureux tout en proposant des textes qui intéressent les enfants. Il suffit pour cela de construire à partir des acquis des phrases de plus en plus longues permettant d'entraîner le cerveau à toujours réutiliser – on dit maintenant réinvestir – son savoir et à l'intégrer avec ce qu'il est en train d'apprendre dans des ensembles sémantiques de plus en plus importants mais à aucun moment l'enfant ne doit être mis en situation de deviner le texte. Nous voici, bien évidemment aux antipodes des consignes données par les promoteurs des pédagogies nouvelles. Pourtant, la qualité de l'apprentissage dépend en très grande partie de la rigueur avec laquelle cette contrainte est respectée. Ceci pose, bien évidemment, le problème des lettres muettes.

En observant les manuels de lecture alphabétique, on constate que presque tous les ouvrages introduisent précocement des mots terminés par des lettres qui ne se prononcent pas. Celles-ci rendent impossible la cohérence de l'apprentissage. Les mots qui contiennent des lettres muettes doivent être systématiquement éliminés des phrases et textes tant que des leçons spécifiques qui permettent de comprendre les raisons de leur usage n'auront pas été introduites dans la progression de l'apprentissage. Il est possible de faire comprendre rapidement que le « s » final marque le pluriel de certains mots, que les verbes ont des terminaisons variables qui ne se prononcent pas. Ceci permet d'introduire les premières notions de grammaire et d'orthographe et donne les moyens à l'enfant d'acquérir dès le début de l'apprentissage de la lecture les bases dont il a besoin pour comprendre un texte. On peut certes expliquer, en apprenant le son correspondant, que certains termes d'usage très courant (sous, sans, trop, etc.) se terminent par une consonne muette. Mais, dans leur très grande majorité, les mots terminés par ces lettres doivent être éliminés des phrases données à lire à l'enfant. Ainsi lorsqu'on apprend le son « an » devra-t-on utiliser l'adjectif « grande » et non pas son masculin. Il sera facile en fin d'apprentissage d'expliquer que beaucoup de mots ont une lettre finale qui entre dans l'écriture de mots dérivés de ceux-ci. Au fil des leçons la progression permettra ainsi de mettre en place des connaissances rationalisées qui structureront les circuits cérébraux et la pensée conceptuelle.

4. Si l'apprentissage des majuscules doit être différé pour ne pas surcharger la mémoire, il est par contre indispensable d'apprendre en même temps le graphisme de l'imprimerie et celui de l'écriture manuscrite car lecture et écriture sont deux formes indissociables du langage écrit. Là encore, une approche plus sensorielle facilite grandement l'apprentissage. Les différents exercices pratiqués pour mémoriser la lettre d'imprimerie sont repris pour la lettre manuscrite. La leçon de lecture doit inclure impérativement l'apprentissage de l'écriture qui s'accompagne à son tour de celui des bases élémentaires de l'orthographe.

5. Enfin, les livres des méthodes alphabétiques sont, comme ceux des autres pédagogies, illustrés d'images. Celles-ci y jouent un rôle beaucoup moins important que dans les méthodes rénovées où elles servent à deviner le texte, mais elles n'en existent pas moins. Or, ce que nous savons du fonctionnement du cerveau nous permet de comprendre que l'image joue, dans l'apprentissage de la lecture, un rôle parasite. D'abord parce qu'elle distrait l'attention et incite à deviner le sens des mots en les remplaçant, éventuellement, par des synonymes. Mais aussi parce qu'elle risque de perturber le travail du cerveau. L'enfant qui regarde une image fait majoritairement travailler son hémisphère droit qui opère de manière analogique alors que la lecture demande une mise en éveil prioritaire de l'hémisphère gauche et une succession d'analyses et synthèses. Ces deux modes de traitement de l'information peuvent certes fonctionner de

manière parfaitement synchrone. Mais si l'enfant est porteur de difficultés, même mineures, dans l'un ou l'autre des domaines qui interviennent dans l'écrit, cette dualité peut accentuer les perturbations existantes. Ceci est d'autant plus important que nous vivons dans une époque où la place de l'image joue un rôle majeur dans l'information que ce soit par la publicité, la télévision ou toute autre expression graphique. Les enfants font donc très tôt un usage intensif de leur hémisphère droit. Il s'agit certainement là d'une des raisons pour lesquelles il est plus difficile aujourd'hui qu'il y a cinquante ans de fixer l'attention des élèves sur un travail écrit celui-ci sollicitant prioritairement l'hémisphère qu'ils entraînent le moins. C'est une raison de plus pour éliminer l'image des livres de lecture. Certains penseront qu'un livre sans images doit être bien rébarbatif lorsque l'on a cinq, six ou sept ans. L'expérience prouve qu'il n'en est rien. Le stimulant le plus efficace pour l'enfant réside dans la compréhension du texte. Si on lui fournit un livre ne comportant que de l'écrit et qu'il soit capable de comprendre ce qu'il lit, la découverte du sens du texte lui donnera envie de lire. De très récentes recherches semblent montrer que ce sont les résultats obtenus par le cerveau qui déterminent sa motivation pour poursuivre : Comprendre est perçu comme une récompense liée aux efforts fournis. Il est fort possible que le travail intellectuel produise des médiateurs chimiques qui activent les neurones comme les endomorphines générées par l'activité physique constituent un puissant stimulant pour poursuivre l'effort musculaire et abolir la fatigue. Voici une découverte qui, si elle se confirme, pourrait bien nous conduire à réfléchir sur ce qu'est exactement la paresse.

Sans entrer ici dans ce débat, disons simplement que le simple bon sens nous permet de comprendre qu'il est beaucoup plus facile de travailler lorsqu'on réussit que lorsqu'on échoue. Quoiqu'il en soit, j'ai pu constater objectivement sur un grand nombre d'enfants qui ont appris à lire grâce à la méthode que j'ai créée que ce livre sans images, déjà employé par de très nombreuses familles et des enseignants qui ont pu l'expérimenter dans leurs classes – il y en a ! – parfois jugé austère par les parents a toujours été très apprécié des enfants, même de ceux qui avaient des difficultés et vivaient dans un milieu social où le livre est presque inexistant. Ils ont exprimé, de manière pratiquement unanime, une opinion formulée ainsi : « on aime ce livre parce qu'on comprend ce qu'il y a dedans ». Beaucoup ont ajouté : « c'est un livre de grand ; il n'a pas d'images » !

Pour illustrer ce propos, je citerai l'exemple typique d'un petit garçon de CP qui, après des débuts catastrophiques avec une méthode semi-globale, avait travaillé depuis décembre sur ce livre. Voyant arriver les vacances de février, sa maman, qui avait sans doute des remords à faire lire son fils dans un ouvrage d'aspect aussi sévère, lui avait acheté un livre de lecture illustré de dessins en couleurs pour le faire lire de manière plus ludique pendant les vacances. Au moment du départ, l'enfant apporta son livre de lecture habituel. Sa maman, très surprise, lui demanda : « pourquoi n'emportes-tu pas le joli livre que je t'ai acheté ? » L'enfant lui répondit sans hésiter : « moi, je préfère celui-là parce que je comprends ce qu'il y a dedans et j'ai envie de lire la suite ». Voilà qui est clair !

Cette méthode alphabétique plurisensorielle* qui se compose d'un livre pédagogique destiné à expliquer aux utilisateurs chaque temps de chaque leçon de lecture et d'écriture s'est fixée pour objectif d'optimiser l'apprentissage de l'écrit selon les critères définis ci-dessus et de développer le mieux possible les circuits du langage. Elle a pour but de répondre à une demande de plus en plus forte de familles qui ont la ferme intention d'aider leurs enfants en difficultés ou de prévenir celles-ci par une préparation destinée à faciliter la mise en place des éléments indispensables pour bien apprendre à lire et écrire.

C'est ce défi que j'ai voulu relever. Je pense y être parvenue. Les utilisateurs en témoigneront.

Lorsque la lecture est acquise, on peut aborder sans crainte l'apprentissage de l'orthographe. Là encore il existe des contraintes neurologiques à respecter pour assurer l'efficacité de la pédagogie.

V

Apprentissage de l'orthographe

Les premières bases de l'orthographe doivent normalement s'acquérir, nous l'avons vu, au moment même de l'apprentissage de la lecture. Il faut ensuite atteindre un stade plus évolué pour intégrer à l'écriture des phonèmes les règles dues à l'usage et aux rapports des mots entre eux en raison de leur nature, de leur genre, de leurs fonctions. Comme pour la lecture, le lien du son et du graphisme joue un rôle majeur dans l'apprentissage de l'orthographe. Il est désormais prouvé que l'épellation à voix haute pendant l'écriture facilite la rétention du souvenir graphique. La pédagogie de l'orthographe doit donc inclure cet élément dans sa pratique.

De plus, là aussi, comme dans la lecture, la mise en place de circuits performants s'obtiendra en fournissant aux élèves les connaissances de base et en leur permettant d'en automatiser la mobilisation par l'entraînement.

La dysorthographie

En étudiant le comportement des dysorthographiques devant l'écrit, on constate qu'ils présentent tous les mêmes caractéristiques. Leur graphisme anarchique, souvent presque illisible, ignore les accents et les règles de la segmentation des mots. Beaucoup d'élèves de CM1, CM2, 6e ou 5e, ne savent pas reconnaître un verbe dans une phrase, confondent adjectifs et verbes conjugués, ne peuvent différencier sujets et compléments. On constate chez eux une absence totale de repères : ils écrivent selon leur intuition et appliquent à l'orthographe les techniques de la lecture par hypothèses. Malheureusement leurs hypothèses ne coïncident que rarement avec les exigences de la grammaire !

Cette approche fantaisiste de l'écrit doit plaire aux émules de C. Freinet, dont tant de pédagogues se réclament encore aujourd'hui. Il écrivait en parlant de la grammaire :

« Ce n'est pas tant le fait d'étudier les règles par cœur qui est dangereux, mais la dissociation que les processus scolastiques produisent dans la vie et le comportement des enfants (...). Nous ajouterons que la peur de la règle, de la loi, de ses défenseurs paralyse les individus, les rend hésitants et timides en face de tous les problèmes de culture, alors même qu'ils peuvent être d'une audace invincible dans les domaines du théâtre, du mime, de la musique, de l'expérience scientifique et de la construction matérielle. Nous n'en finirions pas d'exprimer nos griefs. Si tant d'enfants sont aujourd'hui désaxés et désadaptés en face de la vie, les méthodes erronées en portent une large responsabilité ».

Il est vrai que ce morceau d'anthologie remonte à 1968 mais, l'esprit qui l'anime est encore bien vivace. Pour l'étude de l'orthographe comme pour celle de la lecture nous répondrons à C. Freinet que ce qui libère l'homme ce n'est pas l'ignorance, c'est le savoir et que le but du pédagogue doit être avant toute chose de trouver les moyens de faciliter les apprentissages et non de nier leur intérêt. Or, les aberrations des méthodes utilisées pour apprendre à lire interdisent aujourd'hui à un très grand nombre d'enfants de comprendre comment se construisent les mots et de pouvoir les classer par catégories. Elles perturbent gravement le travail des aires cérébrales d'analyse de la grammaire qui, recevant des données erronées, bâtissent des systèmes de référence à partir de ce qu'elles ont compris et génèrent ainsi de redoutables erreurs. C'est ainsi, par exemple, que la notion de pluriel conduit à mettre un « s » à tous les mots, y compris aux verbes ou à accorder les adjectifs avec un « ent » final comme les verbes conjugués.

Dans la plupart des cas aujourd'hui la grammaire, elle aussi rénovée, demande aux élèves de découvrir la fonction d'un mot uniquement par son sens. La nouvelle grammaire interdit de poser les questions qui permettent de trouver de manière simple les fonctions de chaque élément de la phrases. Si cette démarche peut convenir à des élèves qui n'ont aucun problème de lecture et un niveau d'analyse et de synthèse élevé, on comprendra sans peine qu'elle soit catastrophique pour le plus grand nombre des enfants. Deviennent ainsi dysorthographiques tous les mauvais lecteurs mais aussi des enfants qui ont effectué sans trop de difficultés les opérations exigées par la lecture mais sont incapables de mettre en pratique les règles d'orthographe qu'ils apprennent parce que leur cerveau ne parvient pas à la fois à automatiser l'écrit et à appliquer des consignes grammaticales. Le graphisme mobilise à lui seul toutes leurs possibilités d'adaptation à l'écrit et ils ne peuvent pas ajouter à cet exercice l'introduction de contraintes supplémentaires. C'est en effet, nous l'avons vu pour la lecture, l'automatisation d'une connaissance qui allège le travail de mémorisation. Si l'on pouvait observer le cerveau des dysorthographiques en IRMF on verrait très certainement que l'automatisation s'étant insuffisamment réalisée, l'écrit mobilise de beaucoup plus grandes zones corticales chez ces sujets que chez ceux qui maîtrisent bien cette discipline. Il y a tout lieu de penser que chez eux, l'usage de l'écriture ne doit pas permettre de sélectionner les neurones les plus performants pour assurer l'application de ce qui a été appris.

Sans être de vrais dyslexiques, beaucoup d'élèves présentent une dysorthographie importante souvent considérée comme une conséquence de l'inattention ou, pire, de mauvaise volonté. En effet il n'est pas rare de constater des faits déroutants : l'enfant écrit correctement un mot puis fait une faute au même mot quelques lignes plus loin. Ceci peut être dû à des connaissances qui laissent une large place au hasard mais peut aussi provenir du fait que l'enfant est obligé, pour écrire sous la dictée, de mobiliser toute son énergie puisque le savoir n'est pas automatisé. Il réussit cette performance pendant un temps plus ou moins long mais un exercice d'une telle intensité ne peut être soutenu de manière prolongée. Se succéderont donc des épisodes de mobilisation du souvenir et de relâchement de l'attention. À ce moment, les fautes s'accumuleront, touchant même des mots connus. Ceci ne veut pas dire que l'enfant se désintéresse de ce qu'il fait mais simplement que son cerveau ne peut pas suivre le rythme imposé. L'accabler dans ce cas ne peut qu'accentuer son échec en le conduisant au découragement et au sentiment d'une injustice commise par l'adulte qui ne comprend pas ce qui se produit.

L'objectif de l'apprentissage devra donc être de créer des réseaux automatisés qui faciliteront le travail du cerveau au niveau des connaissances de base afin de laisser une place plus grande à la réflexion pour pouvoir arbitrer lors de la rencontre d'une difficulté plus importante.

L'habitude de rationaliser une situation et de se donner des repères précis et cohérents permet, en orthographe comme en lecture de construire des circuits cérébraux structurés qui contribueront activement au développement de la pensée conceptuelle. Mettre de l'ordre dans sa tête, c'est mettre de l'ordre dans sa vie et devenir capable de substituer la logique aux impulsions. C'est en ce sens qu'apprendre à lire ou à mettre l'orthographe en exerçant ses capacités de réflexion a non seulement une valeur qui se mesure par la qualité des acquisitions mais joue aussi un rôle hautement éducatif au sens large du terme. Nous avons vu au niveau de la lecture que l'usage d'une pédagogie aberrante conduit non seulement à l'échec mais ralentit aussi le développement de l'intelligence et contribue à laisser l'enfant grandir sans structuration. Il en est de même pour l'orthographe. Le devoir de l'éducateur n'est pas de transformer le cerveau de l'enfant en une friche dans laquelle les connexions se font par tâtonnement et de manière anarchique, compromettant ainsi tout le développement intellectuel, mais de tout mettre en œuvre pour faire en sorte que son organisation neuronale le conduise à utiliser de la manière la plus performante possible le potentiel qui lui a été donné afin qu'il puisse développer et utiliser le plus efficacement possible ses aptitudes.

Comme celui de la lecture, l'apprentissage de l'orthographe ne peut ignorer les lois du fonctionnement cérébral puisqu'il en est le prolongement naturel. Dans ce domaine particulièrement difficile où il faut associer à l'écriture toutes les contraintes imposées par la langue, il est impératif d'optimiser les apprentissages en simplifiant le plus possible le traitement de l'information par les aires spécialisées dans l'usage de la grammaire. L'intérêt de l'épellation associée à l'écriture est désormais démontré. De plus, la priorité d'usage de l'hémisphère gauche dans cette activité montre la nécessité de faciliter le travail d'analyse et de synthèse en rationalisant le plus possible les données à mémoriser dont il faut ensuite automatiser l'usage. En tenant compte de l'ensemble de ces éléments, il a été possible de créer une pédagogie de l'orthographe conforme aux attentes du cerveau*. Là encore, ses meilleurs juges en sont les utilisateurs.

CONCLUSION

Vous savez maintenant, chers parents, pourquoi votre enfant risque de sombrer dans l'illettrisme.

Peut-être au moment où vous lisez ces lignes, a-t-il déjà mis le pied dans l'univers de l'échec. Dans ce cas, vous le regarderez désormais avec d'autres yeux en vous disant qu'il n'a sans doute pas tous les torts et que les pédagogies auxquelles il a été soumis lui donnent quelques circonstances atténuantes. Vous dominerez votre angoisse pour lui tendre la main. Vous prendrez les bonnes décisions pour l'aider et remplacer le climat conflictuel dans lequel vous vivez par une attitude constructive dont il a impérativement besoin pour prendre confiance en lui et triompher de ses difficultés.

S'il n'est pas encore entré dans la spirale infernale de l'exclusion scolaire, vous pourrez le protéger du pire. Peut-être, après beaucoup de recherches, découvrirez-vous un de ces rares établissements ou classes qui proposent des méthodes réellement alphabétiques. Mais il faut bien reconnaître que, dans la très grande majorité des cas, vous ne pourrez pas compter sur l'école pour vous aider. Malgré des prises de conscience isolées d'enseignants qui constatent l'importance du drame qui se joue dès le plus jeune âge, la plupart des maîtres croient au bien fondé des pédagogies dont on leur vante les mérites. Maintenus à l'écart des avancées scientifiques de leur époque, ils restent démunis devant cette question complexe, même si le doute s'infiltre dans leur esprit. Il est illusoire d'espérer que des changements se manifestent à court et moyen terme. Bien au contraire. Les dernières directives nées des états généraux de la lecture en 1999 accentuent les erreurs précédentes et il y a tout lieu de croire que le nombre d'illettrés va augmenter dans les années à venir. Le « mammouth », que les flèches n'atteignent, pas campe sur ses certitudes. Le « pédagogiquement correct » ignore superbement le cerveau et l'approche de type « boîte noire » s'impose à tous. Le rempart infranchissable qui isole l'Éducation nationale du reste du monde n'est pas près de se lézarder et les maîtres continueront longtemps encore à modeler et maltraiter le cerveau de leurs élèves sans mesurer les conséquences du pouvoir qu'ils détiennent et sans que rien ni personne ne puisse modifier leur comportement.

Cette lettre a pour but de secouer la pesanteur de la désinformation, de permettre à chacun d'entre vous de mieux comprendre les périls qui menacent son enfant et de choisir lucidement parmi les diverses solutions qui s'offrent à vous celles qui semblent les plus efficaces pour lui éviter de sombrer dans l'illettrisme. Si elle y parvient, si elle génère quelques interrogations et bouscule quelques certitudes, elle aura atteint son objectif.

BIBLIOGRAPHIE

Cette bibliographie ne représente qu'une part infime des travaux portant sur le langage écrit. Les publications concernant la dyslexie, quoique très importantes pour éclairer le fonctionnement cérébral, ne sont pas citées ici (sauf une qui apporte des informations fondamentales sur la lecture) cette lettre ouverte étant consacrée essentiellement aux problèmes posés à l'ensemble des enfants par l'étude du langage écrit en dehors du cadre de la pathologie. Un nombre considérable d'articles concernant le langage oral, la neurologie de la lecture, les recherches les plus récentes dans ces différents domaines, l'évolution des neurosciences, etc. sont disponibles sur le site Internet du NICHD. Le lecteur intéressé y trouvera une mine d'informations. Sont seulement indiqués ici quelques articles de synthèse qui s'accompagnent eux-mêmes d'une bibliographie considérable.

NEUROSCIENCES

John B. Reppas, Anders M. Dale, Martin I. Sereno, Roger B.H. Tootell, « La vision, une perception subjective », *La Recherche*, n° 289, 1996.

Albert M. Galaburda, *Ann. Neurol*, 18, 22, 1985 ; *Revue de neuropsychologie*, 1, 157,1991.

Christina M. Leonard et al., *Arch. Neurol.*, 50, 461, 1993.

Paula Tallal et M. Piercy, *Nature*, 241, 468, 1973.

Paula Tallal et al., *Science*, 271, 81, 1996.

Michel Habib, *Brain and language*, 48, 238, 1995.

Fabrice Robichon et al., *Revue de neuropsychologie*, 4, 259, 1994.

Michael I. Posner et Yalichin G. Abdullaev « Dévoiler la dynamique de la lecture », *La Recherche*, n° 289, 1996.

S.E. Petersen et al., *Science*, 249, 1041, 1990.

O. Hikosaka, « Role of the basal ganglia in motor learning ; a hypothesis », in T. Ono et al. (eds), *Brain mechanisms in perception and memory. From neuron to behaviour*, University Press, Oxford, 1994, p. 497.

Thomas Elbet, Brigitte Rockstroh « Une empreinte dans le cortex des violonistes », *La Recherche*, n° 289, 1996.

Helen J. Neuville et al., *Brain and language*, 1996.

Helen J. Neuville in K. R. Gibson et A. C. Petersen (eds), *Brain maturation and cognitive development ; comparative and cross-cultural perpectives*, Aldine de Gruyter press, Hawtorne, NY, 1991.

Helen J. Neuville, Daphne Bavelier, « L'extension des aires visuelles chez les sourds », *La Recherche*, n° 289, 1996.

Alain Berthoz, *Leçon inaugurale*, Collège de France, Paris, 1993 ; *Cognitive Brain research*, 3, 101, 1996.

Alain Berthoz et Laurent Petit, « Les mouvements du regard ; une affaire de saccades », *La Recherche*, n° 289, 1996.

Leslie G. Ungerleider, « Les dédales de la mémoire », *La Recherche*, n° 289, 1996.

Éric Kandel, « Les petits systèmes de neurones »,

Sciences, n° 25, 1979 ; *Cellular basis of Behaviour : an introduction to Behavioral Neurobiology,* W.H.F Freeman and company, 1979 ; « Cellular Insights into Behavior and learning in the Harvey Lectures », *series* 73, 1979, pp. 29-92.

Francis Crick, « Réflexions sur le cerveau », *Science*, n° 25, 1979.

Norman Geschwind, *Selected papers on Language and the Brain.*

A. Galaburda, Marjorie le May, Thomas L. Kemper and N. Geschwind, « Right-left Asymetrie in the Brain », *Science,* vol. 199, n° 4311, 24.02.68, pp. 852-856.

R. W. Sperry, *Expressive language in the surgically separated minor hemisphere.*

Levy J., Nebees R. D., Sperry R. W., *Cortex,* 1971 Mar, 7 (1) : 49-58.

Levy J., Trevarthen C., Sperry R. W., *Brain,* 1972, 95 (1) : 61-78, « Interhemispheric interaction during simultaneous bilateral presentation of letters or digits in commissurotomised patients ».

Teng El, Sperry R. W., *Neuropsychological*, 1973 May, 11 (2) : 131-40.

Teng El, Sperry R. W., *Cortex*, 1974 Jun, 10 (2) : 111-20, « Memory impairment after commissurotomy a man ».

Zaidel D., Sperry R. W., *Brain*, 0974 Jun, 97 (2) : 263-72, « A unifying approach to mind and brain ; ten years perspective ».

Sperry R. W., *Prog Brain Res*, 1976, 45 : 463-9, « Hemisphere lateralisation for cognitive processing of geometry ».

Franco L., Sperry R. W., *Neuropsychologia,* 1977, 15 (1) : 107-14, « Mind-brain interaction/mentalism, yes ; dualism, no ».

Sperry R. W., *Annu. rev. neurosci*, 1981, 4 : 1-15, « Left and right intelligence ; case studies of Raven's progressive matrices following brain dissection and hemidecortication ».

Zaidel E., Zaidel D. W., Sperry R. W., *Cortex*, 1983 Jul,

17 (2) : 197-85 « Hemispheric specialization in nonverbal communication ».

Benowitz L. I., Bear D. M., Rosenthal R., Mesulam M. M., Zaidel E., Sperry R. W., *Cortex*, 1983 Mar, 107 (ptl) : 95-106, « Left spatial neglect from right-sided lesions ».

Plourde G., Sperry R. W., *Brain*, 1984 Mar, (ptl) : 95-106, « Interhemispheric communication after section of the forebrain commissures ».

Myers J. J., Sperry R. W., *Cortex*, 1985 Jun, 21 (2) : 249-60, D. Riedel Publishing Co., 1974.

NICHD

National institute of child health and human development, *30 years of research : what we now know about children learning to read,* 9000 Rockville Pike, Bethesda, MD 20892, http ://www.nih.gov/nichd

Ried Lyon, *Overview of reading and literacy initiatives ; Functional disruption in the organization of brain for reading in dyslexia ; Reading development and disability ; Why children succed or fail at reading.*

AUTRES SOURCES (communiquées par le programme NICHD)

Imagerie cérébrale du langage

http://www.ehess.fr/centres/Iscp.

Dehane-Lambert, G&Dehane, S., « Speed and cerebral correlates of syllable discrimination in infants », *Nature*, 370, 292-295, 1994.

Informations sur les neurosciences, leur évolution, leurs apports

http://weber.u.washington.edu/chulder/hist/htlm.

Family Education : back to basis. K. Mooney

Teach me to read

http://family.go.com/Categories/Education

Manhattan Project of the mind

Jim Barrett

http://www.uthscsa.edu/mission/spring95/brainmap.html.

PUBLICATIONS DIVERSES

Pédagogie nouvelle

Ministère de l'Éducation nationale et de la culture, direction des écoles, *La maîtrise de la langue à l'école*, Centre national de documentation pédagogique, 1992.

C. Guillaume, *J'aide mon enfant à lire*, Éditions Retz.

V. Bouysse, *De J. Ferry à l'an 2000*, IEN Centre Condorcet, Paris.

Programmes et pratique pédagogique

N. Babin, *Une autre approche de la lecture*, Hachette.

Conférences d'Éveline Charmeux et Jean Foucambert (Inspecteur général de l'Éducation nationale, président de l'Association française pour la lecture), *Lire : une autre approche de la lecture*, Centre départemental de documentation pédagogique, Valence, 1984.

Réflexions et propositions pédagogiques

A. Bentolila, *De l'illettrisme en général et de l'école en particulier*, Plon, 1996.

L. Israel, *Cerveau droit, cerveau gauche*, Plon, 1995.

François et Liliane Lurcat, « De la crise des sciences européennes au désastre de la lecture », *Revue Anthropos* (Apartado 387, 8190 Sant Cugat del Vallès), Barcelonne.

François et Liliane Lurcat, « Le désastre de la lecture », *Esprit*, n□147, février 1989.

François Lurcat, *L'autorité de la science*, Cerf, 1995.

Liliane Lurcat, *Vers une école totalitaire*, F. X. de Guibert, 1998.

« C'est volontairement qu'on a cassé l'École », *Le Figaro magazine*, 4 avril 1998.

M. Jacquier Roux, M. Zorman, *L'entraînement phonologique*, collection Michèle Petris, Éditions de la Cigale, Grenoble.

DIVERS

De l'âme, Aristote.

M. Allais, « Réflexions sur les vérités établies », *Le Figaro*, 27 avril 1999.

« Lecture à l'école vingt ans de mensonges », *Le Point* n□1390, 7 mai 1999.

Littératie, économie et société, enquête internationale sur l'alphabétisation des adultes, Organisation de coopération et de développement économique (OCDE), 1995.

Littératie et société du savoir, nouveaux résultats de l'enquête internationale sur les capacités de lecture et d'écriture des adultes, Organisation de coopération et de développement économique (OCDE), 1997.

Apprentissage de la lecture à l'école primaire, Inspection générale de l'Éducation nationale, janvier 1995.

INDEX

Imprimé par ACORT EUROPE
En mai 2006
Dépôt légal : janvier 2003
ISBN 2-85162-025-8

UN CAHIER POUR CHAQUE ENFANT

• Du plus habile au moins habile

Fidèle à notre principe de ne jamais placer les enfants devant une difficulté qu'ils ne pourraient surmonter, nous proposons ici **une méthode qui permet à chacun de progresser efficacement et rapidement** en abordant les difficultés une à une : chaque page de ce cahier ne contient que des lettres déjà apprises plus la lettre nouvelle.
Rencontrant moins de difficultés, l'enfant réussit mieux. Réussissant mieux, il est sécurisé ; donc plus confiant en ses possibilités, ce qui le prédispose à une meilleure réussite.

• Pour les droitiers et les gauchers

Une marge est réservée à gauche pour les corrections et observations du maître. Les modèles se situent à gauche, du côté où commence l'écrit. En penchant légèrement son cahier vers la droite, l'enfant gaucher qui tient correctement son crayon n'a aucune peine à voir le modèle*. Aucune inscription à droite ne vient perturber sa perception de l'orientation de l'écriture. Lorsque le bras est correctement placé, le cahier est sensiblement placé dans l'axe de l'avant-bras.

UN DOUBLE OBJECTIF : QUALITÉ DE L'ÉCRIT - LIEN AVEC LA LECTURE.

Au-delà de la qualité de la technique graphique, ce cahier vise **à outiller l'enfant d'une écriture courante dès les vacances de Toussaint afin de ne pas bloquer sa progression en lecture ou en expression écrite par des tracés non encore étudiés.**

Dès la Toussaint, l'enfant sait donc écrire toutes les lettres d'une écriture suffisamment fluide, en les disposant correctement sur la ligne et en respectant les formes et les dimensions.

La progression suit la logique de mise en place du geste graphique, mais elle tient compte aussi de la lecture, par exemple en introduisant très tôt la lettre ***s***.

Les enfants ont plaisir à déchiffrer des phrases en dehors du contexte de leur livre de lecture. Les mots ou phrases proposés peuvent d'ailleurs être l'occasion de découvrir des sons non encore étudiés.
De ce fait, ce travail d'écriture a pour effet de stimuler et optimiser le goût de lire.

UN SUIVI JUSQU'À NOËL

Un cahier de perfectionnement propose ensuite une consolidation de la mise en place des lettres sur les rayures seyes, une étude spécifique des arrêts et des enchaînements puis l'étude des signes diacritiques, des barres de ***t*** et de la ponctuation.

PRÉSENTATION GLOBALE

Les trois pages du début sont les fondations de l'édifice : tenir correctement le crayon pour avoir un geste assuré, savoir suivre le lignage du cahier pour y poser correctement les mots, prendre conscience des interlignes pour bien placer les lettres. Il est très fortement conseillé de ne pas en faire l'économie.

Les lettres sont ensuite traitées une à une par type de gestes. Une fois chaque lettre étudiée, les lettres sont revues toutes ensemble regroupées par type de gestes (page 31). Les chiffres sont regroupés en fin de cahier (page 32) afin de permettre à l'enseignant de les traiter quand il le souhaite.

Achevé d'imprimer en France par Normandie Roto Impression s.a.s. - N° 04-0164 - Dépôt légal:février:2004 N°39640

Danièle Dumont

Les cahiers d'écriture

CP

1 Apprentissage

Ce cahier appartient à ....

Classe de ....

École ....

HATIER

LIVRET DE RÈGLES

L'Escape Box Dinosaures propose de recréer l'ambiance d'une escape room, chez vous, pour vos enfants, en famille ou entre amis. Les enfants incarnent les jeunes assistants d'un explorateur disparu dans une grande caverne pleine de dinosaures ! En explorant les lieux, ils vont devoir trouver les indices qui leur permettront de résoudre les énigmes, de déjouer les obstacles et de retrouver le professeur Flynn en un temps limité ! Le jeu est géré par un adulte, le Maître du jeu (MJ), qui dissimule les indices, aide les enfants et valide les réponses. Si les joueurs parviennent à résoudre toutes les énigmes avant la fin du temps imparti, c'est-à-dire 45 minutes, ils réussissent le scénario et gagnent le jeu !

Description du matériel

40 cartes

1 poster

1 livret de règles

1 fichier sonore à télécharger ici

ou sur le site : *www.lisez.com/9791032402047*

Temps de jeu

Une partie de jeu dure **45 minutes**, plus le temps de mise en place des indices (quelques minutes seulement). Le temps de jeu est mesuré par la lecture du fichier sonore à télécharger, par un simple chronomètre ou en consultant une horloge.

Nombre de joueurs

Le jeu est prévu pour 2 à 5 enfants, âgés de 7 à 12 ans et un adulte qui prend le rôle du Maître du jeu.

Déroulement d'une partie :

1. Le Maître du jeu (MJ) prend connaissance du scénario.
2. Les enfants quittent la zone de jeu.
3. Le MJ rassemble les éléments nécessaires au scénario.
4. Le MJ place les éléments visibles comme le scénario le précise.
5. Le MJ dissimule les autres cartes.
6. Le MJ laisse à disposition de quoi écrire. Les enfants reviennent dans la zone de jeu.
7. Le MJ lit le texte d'introduction du scénario.
8. Le MJ lance le décompte des 45 minutes, la partie commence !
9. Les enfants fouillent les lieux.
10. Les enfants tentent de résoudre les énigmes.
11. Les enfants gagnent s'ils résolvent toutes les énigmes en moins de 45 minutes.

Rôle du MJ

Avant de commencer la partie, il est nécessaire de préparer une pièce, qui sera le lieu du jeu. Le Maître du jeu, lui, peut lire les règles et le scénario à jouer. Il met en place le jeu, fait appliquer les règles, remet une nouvelle carte aux joueurs quand la bonne réponse à une énigme a été donnée et aide les enfants s'ils sont bloqués.

Rôles des enfants

Les enfants doivent terminer le scénario à temps. Pour cela, ils fouillent la pièce, trouvent des cartes et résolvent des énigmes grâce aux indices récoltés. **Les enfants n'ont pas accès à ce livret.** La résolution de toutes les énigmes leur permet de gagner le jeu et de quitter la pièce !

RÈGLES DU JEU

Avec l'accord des occupants des lieux, le MJ définit la zone de jeu, c'est-à-dire les limites de la pièce où va se dérouler la partie, afin que cela soit clair pour tous. Les objets hors jeu ou endroits hors limite sont précisés également. Ni le MJ ni les enfants n'auront à fouiller en dehors du lieu défini ni à toucher aux objets hors jeu (le MJ n'y aura bien sûr caché aucune carte).

Note : du fait de l'excitation du jeu, renforcé par le temps limité d'une partie, les enfants peuvent parfois maltraiter le mobilier pendant leurs recherches. Il est important de prévenir tout accident qui pourrait survenir lors d'une fouille intensive : si un meuble risque de basculer, aucun indice ne sera placé à son sommet et les enfants devront savoir dès le début de la partie qu'il n'y a rien à chercher à cet endroit et que le meuble est potentiellement dangereux. De même, si des objets fragiles sont présents, il est conseillé de les enlever de la pièce (idéalement) ou de prévenir les enfants dès le début de la partie qu'il n'y a rien à trouver près de ces objets car ils sont fragiles. D'une manière générale, tous les objets, plantes ou meubles fragiles ou risquant de blesser les joueurs sont à déclarer hors-jeu. De même, il ne sera pas nécessaire d'ouvrir les housses des coussins pour les fouiller. Le MJ se mettra d'accord au préalable avec les occupants des lieux pour définir ces limites. Ces objets et zones hors jeu seront précisés par le MJ avant que les joueurs ne quittent la pièce, en présence de tous, et ces limites seront répétées juste avant le lancement du décompte. Le MJ n'hésitera pas à répéter ces consignes si cela s'avère nécessaire.

Exemple : seront hors jeu une commode où se trouvent des objets fragiles, la proximité d'un cactus aux épines douloureuses, ou une armoire bancale.

La zone de jeu devra être une pièce suffisamment grande pour accueillir tous les joueurs et suffisamment meublée pour pouvoir y dissimuler efficacement toutes les cartes. Dans la plupart des cas, il s'agira du séjour de l'habitation. Il est conseillé d'éviter de choisir les cuisines et salles d'eau, où l'humidité pourrait abîmer le matériel du jeu.

Puis, une fois les délimitations spatiales définies, les enfants quittent la (ou les) pièce(s) où le MJ va dissimuler les cartes.

Dans l'Escape Box Dinosaures, il existe trois types de cartes :

- **Les indices** sont des éléments aidant les joueurs à résoudre une énigme. Ces cartes prennent la forme de morceaux de dessins ou de lieux, de silhouettes de dinosaures, de traces de pas, etc.
- **Les énigmes** sont des questions plus ou moins explicites. Les joueurs y répondent grâce aux indices.
- **Les rencontres** sont des cartes à effet immédiat qui indiquent quel dinosaure est à proximité et comment joueurs et MJ doivent réagir.

Afin de rendre ce jeu agréable pour de jeunes enfants, l'ensemble des cartes qui servent à une même énigme partagent le même fond ou aspect graphique.

1. Mise en place - première étape

Le MJ doit s'assurer qu'aucun enfant ne puisse surveiller ses allées et venues pendant la mise en place. Il rassemble tous les éléments nécessaires tels que précisés dans le scénario.

Les numéros des cartes concernées sont spécifiés au début du scénario. Le MJ trie les cartes en quatre paquets, comme

indiqué : les cartes à garder en main comme récompense, les cartes à donner en début de partie, les cartes à cacher, et les rencontres.

2. Mise en place - deuxième étape

Le MJ place en évidence (sur une table par exemple) les éléments qui doivent rester visibles pendant toute la partie, à savoir le plan et certaines cartes.

3. Mise en place - troisième étape

Le MJ dissimule les cartes dans la zone de jeu.

Voir les conseils sur la manière de cacher des cartes plus loin dans ce livret.

4. Mise en place - quatrième étape

Enfin, le MJ laisse à disposition de quoi écrire : feuilles et crayons. Les enfants pourraient avoir besoin de noter des codes, leurs tentatives, etc. Une fois tous les éléments en place, le MJ invite les enfants à revenir dans la pièce et leur rappelle les limites de la zone de jeu.

5. Mise en situation

Le MJ lit à haute voix le texte d'introduction du scénario et rappelle les règles du jeu. Si nécessaire, le MJ montre une des cartes de sa main afin que chaque joueur sache quoi chercher.

6. Lancement de la partie

Le MJ lance le décompte, soit en diffusant la piste d'ambiance

sonore, soit à l'aide d'une simple montre ou d'une horloge, soit avec la fonction « sablier » ou « chronomètre » de son téléphone. Dans le cas de la piste audio d'ambiance, le volume doit être suffisant pour que tous puissent entendre clairement le temps annoncé, sans couvrir les paroles des joueurs. Si le MJ utilise plutôt une horloge, il annoncera l'heure à laquelle le jeu prendra fin, puis donnera à voix haute le temps restant toutes les 10 minutes, puis toutes les minutes durant les 5 dernières. Enfin, il décomptera les 30 dernières secondes.

7. Fouille et indices

Les enfants fouillent les lieux. Si besoin, le MJ rappelle les limites de la zone de jeu et les objets à ne pas manipuler. Le MJ annonce les trouvailles à voix haute et les enfants posent les cartes en évidence sur une table ou autre meuble afin que chacun puisse y accéder. Ils peuvent demander s'il reste des cartes à trouver (l'information est précisée au début du scénario).

8. Résolution

Les enfants peuvent essayer de résoudre les énigmes à n'importe quel moment du jeu. Ils peuvent trouver des indices sans pour autant posséder la consigne de l'énigme qui y est liée, mais ils peuvent tout à fait proposer une réponse tout de même. Les enfants doivent donner une réponse en montrant la carte de l'énigme ou de l'indice au MJ et en énonçant la réponse à haute voix (ou en la dessinant/suivant du doigt, si nécessaire). Il est interdit de proposer plusieurs réponses d'affilée, afin d'éviter les énumérations de toutes les réponses possibles et des rafales de réponses sans réflexion. Si la proposition est la bonne, le MJ confirme alors la réponse et pose sur la table, visible de tous, une des cartes qu'il gardait dans sa main en

récompense. Le scénario précise quelle carte est débloquée à chaque énigme résolue. Afin de lier les énigmes, le MJ lira le texte prévu dans le livret à cet effet.

9. Fin du jeu

La partie se termine quand les joueurs ont résolu toutes les énigmes, ou que le temps vient à manquer. Les énigmes se suivent dans un ordre logique pour l'histoire et toutes doivent donc être élucidées. Lorsque les enfants trouvent la solution de toutes les énigmes, ils ont gagné la partie. Sinon, lorsque le décompte est terminé, tout est perdu !

ASTUCES, AIDE ET CONSEILS

Conseils pour dissimuler les cartes

De manière générale, les cartes doivent être accessibles sans que les joueurs aient besoin de faire d'efforts importants : évitez de faire déplacer un poids élevé (soulever un tapis est une bonne idée, avoir à bouger un meuble ne l'est pas). Attention aux cachettes en hauteur, les enfants doivent pouvoir attraper les cartes sans avoir à grimper sur quoi que ce soit.

De même, les cartes ne doivent pas être introuvables, il est donc interdit de les glisser dans une collection de livres, dans les boîtiers de DVD, etc. Les glisser au milieu d'une pile de documents (dans un tiroir à papier par exemple) est également interdit.

S'il n'y a que deux enfants, il est conseillé de cacher plusieurs cartes au même endroit, ou dans le même type de cachette, ce qui simplifie la tâche des joueurs et équilibre le jeu.

S'il est possible de cacher une carte sous un meuble, il doit

être possible de toucher un petit bout de la carte pour pouvoir la faire glisser vers soi. Si les enfants ne parviennent pas à la récupérer alors qu'ils l'ont localisée, ce sera au MJ de l'atteindre et de la leur donner.

Il est déconseillé de placer des cartes dans les housses de coussins, de peur que les joueurs ne les démontent tous et passent ensuite au canapé, aux peluches, etc. Dans l'enthousiasme et l'excitation du moment, les joueurs sont prêts à tout, le MJ rappellera les règles du jeu pour éviter les excès d'enthousiasme !

Il est possible d'amener de nouveaux objets dans la pièce pour augmenter le nombre de cachettes, avec l'accord des occupants des lieux. De la décoration rappelant le monde primitif augmentera le plaisir du jeu : plantes, figurines de dinosaures, peaux de bête et autres permettront de cacher bien plus de cartes. Mais il faut souligner que, si les joueurs connaissent déjà la pièce où le jeu va se dérouler ou surtout s'ils l'ont vue avant la mise en place du jeu, ces nouveaux objets seront les premiers fouillés.

Les meilleures cachettes

- Glisser une carte dans une enveloppe qui sera scotchée sous une chaise ou une table.
- Le dessous des tiroirs : en ouvrant légèrement le tiroir, il est possible de passer la main dessous et de déposer une carte qui résistera aux fouilles. L'intérieur des tiroirs peut aussi s'avérer une bonne cachette si l'on pose la carte sur sa tranche et contre la paroi intérieure du tiroir.
- Dans une bibliothèque : glisser une carte entre ou sous plusieurs livres ou boîtiers, permet de la rendre particulièrement discrète au premier coup d'œil.

- Sous un meuble : la carte devient très dure à trouver si la partie visible se trouve dans l'ombre ou à l'arrière (il reste impératif de pouvoir passer la main pour l'attraper).

Autres idées de cachettes

Dans les tiroirs, sous les pots de fleurs, dans les plantes (vous pouvez protéger la carte de l'humidité avec un sachet à surgelés), sous les coussins des chaises, entre les coussins du canapé, dans une rainure de la table ou sous un napperon, sous les objets visibles, sous les objets dans les placards, dans les poches des vêtements qui ne sont pas portés.

Les aides

Laissez les enfants chercher par eux-mêmes au début. Si vous constatez qu'ils bloquent trop longtemps, vérifiez qu'ils ont bien compris la consigne généralement associée à une énigme. Incitez-les à regrouper les cartes par couleur de fond identique. Toutes les cartes ne servent qu'une fois. Ils peuvent donc ranger les cartes qui ont déjà été utilisées. Incitez-les à utiliser papier et crayon pour s'aider. Au bout d'un instant de jeu sans progression ou si le rythme retombe, donnez un indice. Si les enfants peinent encore à trouver, donnez un second indice. Si cela n'avance toujours pas, aidez-les pour obtenir la ou les cartes comme si l'énigme était gagnée. Le plaisir du jeu passe avant tout !

Et si ?

Que faire si un joueur trouve la réponse par hasard, par intuition ou sans argumenter ? Bénéficier d'un coup de chance ou connaître par avance la réponse à une énigme n'est pas

à sanctionner. Le MJ considère que l'énigme est résolue et donne la carte correspondant à la récompense.

Rencontres

Quand bon lui semble, le MJ tire au hasard une des cartes de rencontres. Cela pourra être quand la partie perd de son rythme, si les enfants se déconcentrent ou s'ils trichent ! Ce petit paquet de cartes est inaccessible aux joueurs. Si la bande sonore est utilisée, le MJ pourra profiter des moments où un dinosaure couvre les autres bruits pour tirer une carte, ce qui augmentera l'immersion !

À chaque rencontre, un dinosaure se rapprochera dangereusement des joueurs et ils vont devoir réagir en fonction du type de créature croisée :

CARNIVORE : *les enfants doivent se cacher et ne plus faire de bruit pendant quelques secondes ou jusqu'à ce qu'on entende le monstre s'éloigner.*

VOLEUR : *un petit dinosaure agile va s'approcher et dérober quelque chose. Le MJ s'empare d'une des cartes accessibles, totalement au hasard, et la garde en main. Il pourra la rendre ensuite en récompense ou pour débloquer une situation. Cela peut être une carte trouvée dans la pièce, une de celles laissées visibles, ou une carte que le MJ a donnée en récompense.*

LES AUTRES DINOSAURES : *il s'agit de végétariens qui ne font que passer, les joueurs n'ont pas à s'en inquiéter.*

HISTOIRE À LIRE AUX ENFANTS AVANT LE DÉBUT DE LA PARTIE :

Le célèbre professeur Flynn a disparu depuis des semaines au cours d'une expédition dans les entrailles de la Terre. Vous êtes ses assistants, bien décidés à le retrouver. Et vous pensiez que ce serait facile, puisque l'explorateur vous a laissé ses notes et surtout sa carte. Mais il a placé des pièges et des énigmes derrière lui et les indications sont codées, pour éviter que d'autres aventuriers ne lui volent sa découverte.

Vous avez suivi sa piste jusqu'à un vaste espace souterrain, une caverne où pousse une jungle épaisse et où ont survécu des dinosaures : c'est tout un monde primitif inconnu qui s'étale sous vos yeux ! Mais, à peine êtes-vous arrivés qu'une éruption volcanique menace de détruire pour toujours cet univers fragile.

Vous n'avez plus que 45 minutes avant l'éruption pour explorer les lieux et résoudre les énigmes, afin de retrouver le professeur. Commencez par fouiller autour de vous, mais rappelez-vous : les dinosaures ne sont pas loin !

CARTES

N° des cartes pouvant être laissées visibles : 1, 6, 13, 18, 24, 30

N° des cartes à conserver en main : 10, 11, 17, 23, 28, 29, 35

N° des cartes à cacher avec soin : 5, 7, 12, 19, 25, 31

N° des autres cartes à cacher : 2, 3, 4, 8, 9, 14, 15, 16, 20, 21, 22, 26, 27, 32, 33, 34

N° des cartes de rencontres à mélanger et mettre en pile, face cachée : 36, 37, 38, 39, 40

Nombre total de cartes cachées : 22

PREMIÈRE ÉNIGME

Cartes n° 1, 2, 3, 4, 5

Un éboulement a détruit une vaste fresque dessinée sur un mur de la caverne. Les rochers sont éparpillés au sol et ont été étrangement numérotés de la main du professeur. Chaque morceau porte une lettre. Dans les notes du professeur, une longue suite de petits morceaux de l'image pourrait bien être une phrase codée !

Une illustration est composée de 4 cartes de jeu. Cette grande illustration comprend 26 cases qui correspondent chacune à une lettre. La réponse est codée en morceaux de l'image, il faut traduire par les lettres correspondantes.

Indice 1 : C'est un code à déchiffrer.

Indice 2 : Chaque lettre est codée par un morceau d'image.

Solution : ATTENTION AUX ALLOSAURES

Récompense : donnez la **carte n° 10** aux enfants.

DEUXIÈME ÉNIGME

Cartes n° 6, 7, 8, 9, 10

Pour entrer dans le temple primitif, une pyramide péruvienne à degrés, il faut emprunter l'escalier monumental. Il est piégé et il faut choisir sur quelle marche poser le pied et quelle marche éviter.

4 cartes composent cette énigme, il va falloir réussir à recomposer l'image en les mettant bout à bout, de manière à reconstituer parfaitement le visuel de l'escalier. Les illustrations ne sont raccord que dans une configuration précise.

Indice 1 : C'est un puzzle.

Indice 2 : Replacez les morceaux dans le bon sens, de manière à ce que l'escalier soit cohérent.

Solution : 6, 7, 8, 9.

Récompense : donnez la **carte n° 11** aux enfants.

TROISIÈME ÉNIGME

Cartes n° 11, 12, 13, 14, 15, 16

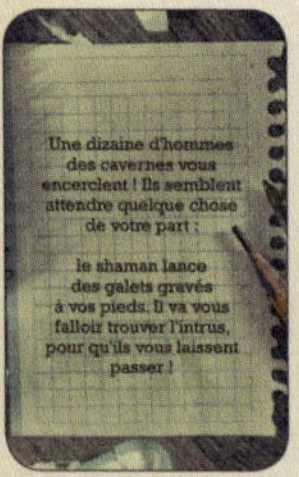

Une dizaine d'hommes des cavernes vous encerclent ! Ils semblent attendre quelque chose de votre part : le shaman lance des galets gravés à vos pieds. Des animaux préhistoriques sont représentés sous forme de silhouette, il faut trouver l'intrus, parmi un tyrannosaure, un stégosaure, un diplodocus, un tricératops, un ankylosaure.

Indice 1 : Pensez au mode de locomotion.

Indice 2 : Comptez les pattes !

Solution : Un bipède, le tyrannosaure.

Récompense : Si les joueurs trouvent l'intrus, la tribu, impressionnée par leur savoir, les laisse passer et le MJ remettra la **carte n° 23**.

QUATRIÈME ÉNIGME

Cartes n° 23, 24, 25, 26, 27

Les joueurs tombent sur un pont suspendu primitif. Il est en piteux état et il va falloir progresser avec prudence. Le professeur a laissé un étrange indice pour choisir le bon passage et sur quelles planches marcher.

4 cartes composent le pont, il va falloir réussir à le recomposer en les mettant bout à bout en suivant un ordre précis, dicté par la formule F2Z1F4Z2. Les extrémités des cartes du pont sont marquées d'une lettre ou d'un chiffre. Il va falloir positionner les chiffres et lettres en suivant la formule donnée. Ainsi, le bord 2 de la carte F2 doit toucher le bord Z de la carte Z1 et ainsi de suite.

Indice 1 : Ce n'est pas un puzzle.

Indice 2 : Posez les cartes de manière à reconstruire la formule du professeur.

Récompense : donnez la **carte n° 28** aux enfants.

CINQUIÈME ÉNIGME

Carte n° 28 et plan

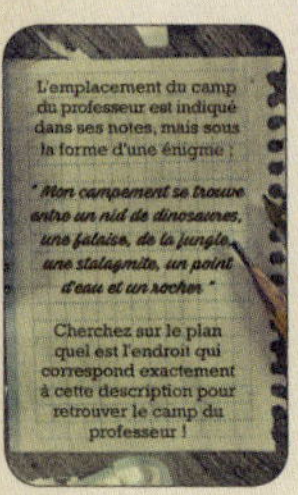

L'emplacement du camp du professeur est indiqué dans ses notes, mais sous la forme d'une énigme :

«Mon campement se trouve entre un nid de dinosaures, une falaise, de la jungle, une stalagmite, un point d'eau et un rocher».

Un seul emplacement sur le plan correspond à cet endroit, car ces différents éléments sont répétés ailleurs sur le plan.

Indice 1 : Un seul endroit correspond à cette description sur le plan.

Indice 2 : C'est le seul endroit entouré de 6 symboles différents.

L'endroit à trouver se situe ici :

Récompense : donnez la **carte n° 17** aux enfants.

SIXIÈME ÉNIGME

Cartes n° 17, 18, 19, 20, 21, 22

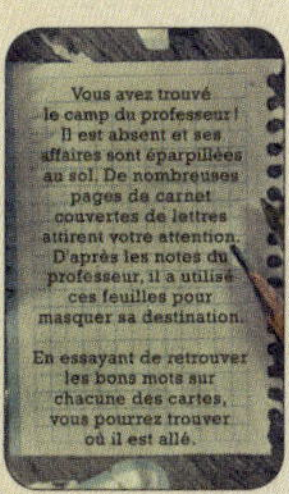

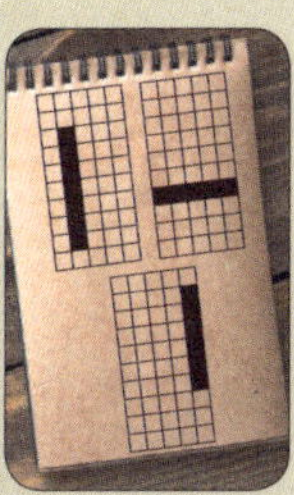
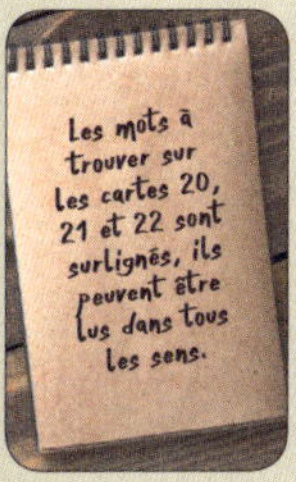

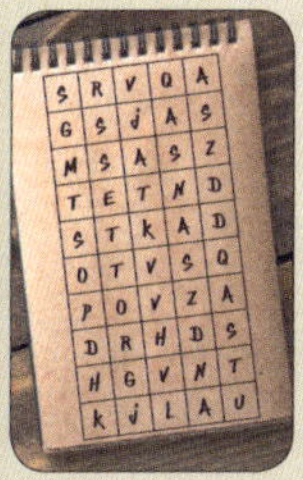
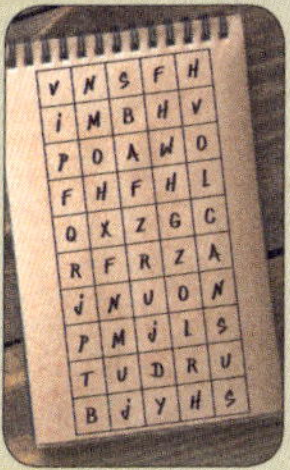
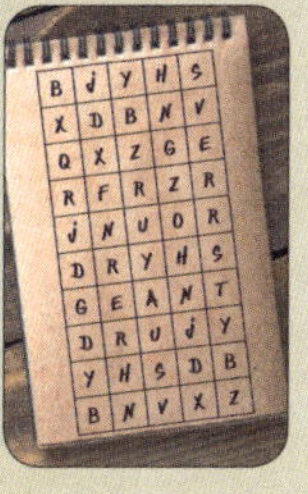

Vous avez trouvé le camp du professeur ! Il est absent et ses affaires sont éparpillées au sol. De nombreuses pages de carnet couvertes de lettres attirent votre attention. D'après les notes du professeur, il a caché sa destination quelque part sur ces feuilles. En essayant de retrouver les bons mots sur chacune des cartes, vous pourrez trouver où il est allé.

3 cartes indices comportent des lettres sur toute leur surface, il faut trouver un mot cohérent parmi toutes ces lettres. Il peut être lu dans tous les sens, mais toutes les lettres sont alignées. Chaque carte contient un seul mot.

Indice 1 (carte 18) : Carte avec une zone surlignée.

Indice 2 (carte 19) : Le mot à trouver sur la carte 21 est surligné.

Indice 3 : Pensez à lire dans tous les sens, à l'envers, en diagonale...

La réponse à trouver est une phrase composée de 3 mots : grottes volcan géant

Récompense : Donnez la **carte n° 29** aux enfants.

SEPTIÈME ÉNIGME

Cartes n° 29, 30, 31, 32, 33, 34

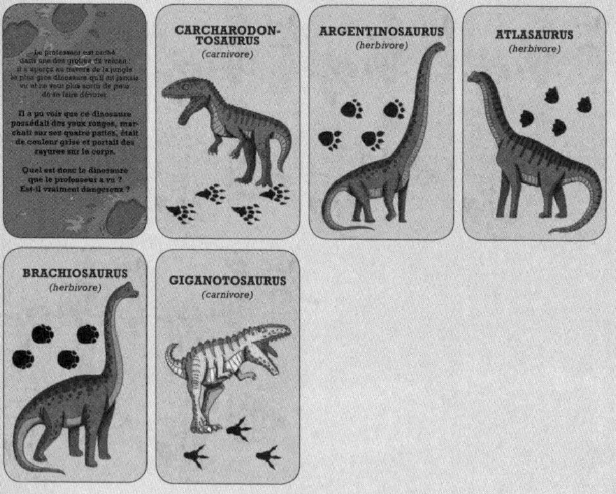

Le professeur est caché dans une des grottes du volcan : il a aperçu au travers du feuillage le plus gros dinosaure qu'il ait jamais vu et ne veut plus sortir de peur de se faire dévorer. Il a pu voir que ce dinosaure possédait des yeux rouges, marchait sur ses quatre pattes, était de couleur grise et portait des rayures sur le dos. Les joueurs doivent reconnaître à cette description l'animal dont il s'agit en comparant les 5 cartes qui montrent différents dinosaures géants et précisent s'ils sont carnivores ou herbivores.

Carcharodontosaurus *(carnivore)*, Argentinosaurus *(herbivore)*, Atlasaurus *(herbivore)*, Brachiosaurus *(herbivore)*, Giganotosaurus *(carnivore)*.

Solution : La description correspond à un **Atlasaurus, donc un herbivore.** C'est en trouvant qu'il s'agit d'un dinosaure inoffensif que le professeur sera rassuré et sortira de sa cachette pour revenir à la surface avec les joueurs.

Récompense : donnez la **carte n° 35** aux enfants.

Lisez avec eux à voix haute la carte n°35 :

Vous confirmez au professeur que l'énorme dinosaure n'est qu'un herbivore inoffensif. Rassuré, il accepte de vous suivre et de revenir à la surface. Et il est temps, car l'éruption bloque définitivement, juste derrière vous, l'accès à ce monde primitif.

Bravo, vous avez sauvé le professeur à temps !

GLOSSAIRE

Allosaurus

L'Allosaure ressemble à un petit Tyrannosaure mais bien plus agile et plus rapide. Ce carnivore bipède était même capable de bondir. C'est le dinosaure de la famille des théropodes dont on a découvert le plus de fossiles, dont certains squelettes quasi complets.

Ankylosaure

L'Ankylosaure était recouvert d'une armure solide lui permettant de résister aux attaques de ses prédateurs. Cet herbivore quadrupède très paisible aimait vivre près des marécages et des rivières. C'est le plus grand dinosaures de la famille des Ankylosauridae.

Argentinosaurus

L'Argentinosaure était l'un des plus grands et des plus lourds dinosaures de son époque et il pouvait peser jusqu'à 90 tonnes. Cet herbivore quadrupède se déplaçait en permanence pour trouver assez de nourriture chaque jour. C'est le seul représentant de la famille des Argentinosaurus huinculensis.

Atlasaurus

L'Atlasaure était un énorme dinosaure mesurant jusqu'à 10 mètres de haut. Cet herbivore quadrupède est l'un des premiers dinosaures géants. C'est l'un des plus grands représentants de la famille des Saurischiens.

Brachiosaurus

Le Brachiosaure est le dinosaure avec le cou le plus long, pouvant dépasser les 6 mètres. Cet herbivore quadrupède n'avait pas de dents, il ne mâchait pas sa nourriture mais l'avalait directement. C'est le membre le plus connu de la famille des Brachiosauridae.

Carcharodontosaurus

Le Carcharodontosaure est l'ancêtre du Tyrannosaure auquel il ressemble, mais il possède une dentition bien plus impressionnante. Ce carnivore bipède tire d'ailleurs son nom de ses dents faisant penser à celles de nos requins. Il n'existait que deux familles de ces prédateurs, Carcharodontosaurus saharicus et Carcharodontosaurus iguidensis.

Diplodocus

Le Diplodocus est le premier dinosaure à avoir été découvert et admis dans les musées et c'est donc le plus connu. Cet herbivore quadrupède pouvait se lever sur ces deux pattes arrière si besoin, ce qui lui permettait d'aller se nourrir de feuilles à plus de 20 mètres du sol. Il fait partie de la grande famille des Diplodocidae.

Giganotosaurus

Le Giganotosaure rappelle le Tyrannosaure mais il est bien plus grand et plus massif. Ce carnivore bipède était capable de courir à plus de 50km/h, sa longue queue lui servant de balancier. C'est le seul dinosaure de la famille des Carcharodontosauridae qui chassait en groupe, attaquant les plus gros herbivores.

Stégosaure

Le Stégosaure est très reconnaissable aux plaques géantes qui lui recouvrent le dos et la queue. Cet herbivore quadrupède pouvait se défendre à l'aide des énormes pointes qui terminaient sa queue. Sa silhouette distinctive en a fait le plus connu des dinosaures de la famille des Ornitischiens.

Tricératops

Le Tricératops possède une collerette osseuse et trois grandes cornes, lui permettant de résister à tous les assauts des prédateurs. La tête de cet herbivore quadrupède était si lourde qu'il ne pouvait presque pas la tourner. Il fait partie de la famille des Cératopsidés qui compte pas moins de 6 groupes de Tricératops différents.

Tyrannosaure

Le Tyrannosaure est probablement le prédateur le plus connu. Ce carnivore bipède extrêmement musclé pouvant mesurer jusqu'à 14 mètres possédait plus de 50 dents de 20 centimètres de long. Il fait partie de la famille des Saurischiens, dont les membres ont évolué jusqu'à des tailles impressionnantes.

NOTES

NOTES

NOTES